高等医药院校护理学"十二五"规划教材
（供护理专业用）

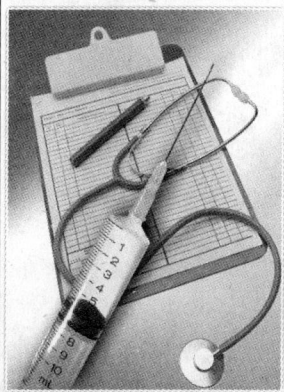

总主编　何国平　唐四元

护理法律实务

主　编　孙梦霞

副主编　张颖杰　王海荣　李凤娥

编　者　（以姓氏笔画为序）

万艳红　王海荣　王丽娟　孙梦霞

朱葵阳　李凤娥　陈　敏　张颖杰

易凌云　殷　翠　程艳华

参编单位　岳阳职业技术学院

岳阳市第一人民医院

湘潭职业技术学院

湖北三峡职业技术学院

邵阳职业技术学院

中南大学出版社
www.csupress.com.cn

高等医药院校护理学"十二五"规划教材

（供护理专业用）

总 主 编　何国平　唐四元

丛书编委　（以姓氏笔画为序）

丁郭平	王卫红	王臣平	任小红
卢芳国	孙梦霞	刘晓云	何国平
吴晓莲	李　敏	陈正英	陈　燕
周建华	罗森亮	贾长宽	唐四元
蒋小剑	黄红玉	谭凤林	

出版说明

　　为适应国家十二五规划医学教育的发展需要,提高护理专业教、学、考三结合的总体水平,由教育部 211、985 的学校——中南大学,组织湖南省护理教育界的专家共同编写了这套新版的护理专业规划教材,旨在帮助师生更好地了解和学好专业课,以便将来更好地掌握新版本的教学内容。编写的教材主要包括:

生理学	生物化学	病理学生物化学
病理学	免疫学与微生物学	人体解剖学
护理专业英语	人际沟通	康复护理
护理管理学	营养护理学	护理伦理学
护理学基础	急救护理学	内科护理学
外科护理学	妇产科护理	精神科护理学
传染病护理学	中医护理学(本科)	中医护理学(专科)
社区护理学	护理心理学	护理法律实务

　　新版本教材的基本理念、规划及其课程目标与课程结构,均遵循国家护理专业课程标准及其评估要求。本套新版教材的设计、学习方式及其转变,基于课程标准的有效教学、课程评价制度的创新、课程资源的开发与利用、课程管理体制的创新,全面反映了最新研究成果,致力于以全新的方式设计,以新的理念阐述课程的新内容。本套教材既可作为护理专业通用教材,也可供在职护理人员自学进修参考。

总　序

　　当今世界，医学科技迅猛发展，医疗对医护人员的要求越来越高，人们对健康需求越来越大，对健康越来越重视，护理工作在医院、社区、家庭的疾病防治、康复等方面起着越来越重要的作用，护士已成为国内的热门职业之一。加入 WTO 后，随着国内人才市场面向国际的开放，我国护理人才已成为目前世界各国急需的应用型、技能型、紧缺型的专业人才。护理对人才的要求除了基本技能与操作之外，还要求有不断更新知识的能力，使护士的知识从护理专业拓宽到更多学科。

　　护理职业的创始人南丁格尔曾说："护理是一门艺术。"如何培养一批南丁格尔式的护理人才，是护理教育工作者的一项重要的任务。2011 年 3 月，根据国务院学位委员会公布的新修订学科目录，护理学获准成为一级学科，新的学科代码为 1011。国务院学位委员会对护理学一级学科的确认，既是对护理人员辛勤付出的肯定，也是对全国护理人员的极大鼓舞，是继国家卫生部将护理学科列入重点专科项目后，国家对发展护理学科的又一大支持。随着医学模式的转变，护理模式也发生了适应性转变，"十二五"时期如何适应新形式的发展，提高护理队伍人才素质以及实践水平，建设护理队伍和拓展护理领域，使我国护理工作水平得到整体提高，是护理教育工作者以及护理从业人员面对的重要挑战和机遇。

　　从教学的内涵讲，有了一支护理专业的师资队伍，就必须有一套较为完善的专业教材，以辅助教师教授护理学基本理论、基本方法、基本技能，同时也适应学科不断发展创新的要求。我们编写的系列丛书，从适应社会发展、护理职业发展和护理理念发展等层面出发，以巩固基础知识，强化前沿知识和技能为原则，选择了与现代护理发展方向紧密相关的学科，力求既适合护理人才的自主性学习，又适合教师引导性教授。

中南大学是湖南省护理专业本科自学考试主考学校，是护理专业本科网络教育招生规模最大的学校，其护理学院是全国最早的护理专业博士学位授予点，社区护理学课程被评为国家精品课程。护理学院师资力量雄厚，教学资源丰富，其悠久的教学历史和先进的教学方法、设施，已为国内外医学事业培养出众多的优秀人才。为了适应社会发展的需求，培养出更多国内外急需的护理人才，由中南大学护理学院组织湖南省及外省有护理专业教学的多家院校中教学和实践经验丰富的教授和专家编写了一套有针对性的护理专业必修课和选修课教材，即针对授课对象的不同、针对学习方法的不同、针对人才使用的不同，对以往的教材内容进行了增加或减少。本系列教材包括：

《生理学》	《免疫学与微生物学》
《病理学》	《护理专业英语》
《人体解剖学》	《康复护理》
《护理人际沟通》	《营养护理学》
《护理管理学》	《护理学基础》
《护理伦理学》	《护理学导论》
《急救护理学》	《内科护理学》
《外科护理学》	《妇产科护理》
《精神科护理学》	《传染病护理学》
《中医护理学(本科)》	《中医护理学(专科)》
《社区护理学》	《护理心理学》
《生物化学》	《护理法律实务》

这套教材涵盖了护理专业基础课、主干课及人文课程，目的是帮助护理专业的学生有条理、有效率地学习，有助于学生复习课程的重点内容和自我检查学习效果，有助于学生联系相关知识，融会贯通。本套教材是自学考试、网络教育的必备教材，也是全日制护理本科学生选修之用书。为检验学生学习的效果，在本套学习教材中编写了相关模拟试题及答案，使其更切合实际，达到学习目的。

由于时间仓促，加之水平有限，书中不当之处在所难免，恳请批评指正。

何国平　唐四元

前 言

为了提高护理质量，加强法律和安全意识教育，强化护生、临床护理人员的法律意识和行为，确保护理安全，规范护士执业行为，建立良好的护患关系，特编写《护理法律实务》一书。本书是一本贴近临床护理法律相关内容，融理论、实践、案例于一体的教材。编写的基本指导思想是，以临床护理工作为背景，以护理工作流程为框架、以护理安全为线索展开，贴近临床护理工作实际，方便护理人员使用。

《护理法律实务》共 8 章，包括护理法律概述、护士执业与职业道德、护患关系与护理行为、护理文书与执行医嘱等。本书较全面地介绍了护理专业诸多方面涉及的法律问题，以我国护理法律内容为主，同时介绍了其他发达国家的相关法律内容；重点介绍了基础护理、专科护理、护理管理中常见的法律问题。

本书适合作为护理专业各层次教师、学生、护理管理者、临床护理人员和带教老师自学、培训参考使用。

本教材采取分工编写、集体审定、主编把关的原则。在编写过程中，得到了各编者单位所在领导和同事的支持，同时也得到了中南大学护理学院领导及中南大学出版社领导和编辑的鼎力相助。在此，一并表示感谢！

由于编者水平有限，本书有许多疏漏和不妥之处，恳请各位专家不吝赐教。

孙梦霞

2013 年

目 录

第一章 绪论

学习目标

1. 掌握法、卫生法、护理法的概念。
2. 熟悉法的特征、卫生法的特征及基本原则、护理立法的基本原则及基本内容。
3. 了解护理立法的意义。

名言导入

要使事物合于正义，须有毫无偏私的权衡，法恰恰是这样一个中道的权衡。

——亚里士多德

第一节 法的一般理论

一、法的概念和特征

(一)法的概念

法是由国家制定和认可的，并由国家强制力保证实施的，调整人们行为的规范总和。广义的法律指法律的整体，包括宪法、法律、行政法规、地方性法规、规章等；狭义的法律仅指全国人民代表大会及其常务委员会制定的法。

(二)法的特征

1. 规范性

法的规范性，是指法所具有的规定人们的行为模式、指导人们行为的性质。法所规定的行为模式包括三种：

(1)人们可以怎样行为(可为模式)；

(2)人们不得怎样行为(勿为模式)；

(3)人们应当或者必须怎样行为(应为模式)。

2. 强制性

法不同于其他社会规范，它具有特殊的强制性，即国家强制性。以国家强制力为后盾，由国家强制力保证实施。在此意义上，法的国家强制性是指法依靠国家强制力保证实施、强迫人们遵守的性质。也就是说,不管人们的主观愿望如何,人们都必须遵守法,否则将招致国家强制力的干涉,受到相应的法律制裁。国家的强制力是法实施的最后保障手段。

3.公正性

法律面前人人平等。执法机关在执行中以事实为依据,以法律为准绳。所有法律一经制定,均应向社会公布、实施。

4.稳定性

法的时间效力自生效起至被废止、修正一直有效。新制定的低一级规范不具有变更或废止高一级的效力。非法律规范不具有变更或废止法律规范的效力。

二、法的分类

(一)成文法和不成文法

这是按照法的创制方式和表达形式为标准对法进行的分类。成文法是指由国家特定机关制定和公布,并以成文形式出现的法律,因此又称制定法。不成文法是指由国家认可其法律效力,但又不具有成文形式的法,一般指习惯法。不成文法还包括同制定法相对应的判例法,即由法院通过判决所确定的判例和先例,这些判例和先例对其后的同类案件具有约束力,但它又不是以条文(成文)形式出现的法,因此也是不成文法的主要形式之一。

(二)实体法和程序法

这是按照法律规定内容的不同为标准对法的分类。实体法是指以规定和确认权利和义务或职责为主的法律,如民法、刑法、行政法等。程序法是指以保证权利和义务得以实施或职权和职责得以履行的有关程序为主的法律,如民事诉讼法、刑事诉讼法、行政诉讼法、立法程序法等。实体法和程序法的分类是就其主要方面的内容而言,它们之间也有一些交叉,实体法中也可能涉及一些程序规定,程序法中也可能有一些涉及权利、义务、职权、职责等内容的规定。

(三)根本法和普通法

这是根据法律的地位、效力、内容和制定主体、程序的不同为标准而对法的分类。这种分类通常只适用于成文宪法制国家。在成文宪法制国家,根本法即宪法,它在一个国家中享有最高的法律地位和最高的法律效力,宪法的内容、制定主体、制定程序及修改程序都不同于普通法,而是有比较高的严格的程序要求;普通法指宪法以外的法律,其法律地位和法律效力低于宪法,其制定主体和制定程序不同于宪法,其内容一般涉及调整某一类社会关系,如民法、刑法、商法、诉讼法、行政法等。

(四)一般法和特别法

这是按照法的适用范围的不同对法所作的分类。一般法是指针对一般人、一般事、一般时间、在全国普遍适用的法；特别法是指针对特定人、特定事或特定地区、特定时间内适用的法。

一般法和特别法这一法的分类是相对而言的，具有相对性。如以针对人来讲，民法典是适用于一般人的法，它的适用主体是一般主体，而与民法典相对应的继承法则是适用于特定人——继承人与被继承人主体的法律；以针对事来讲，民法典适用于一般民事法律行为和事件，而收养法则针对收养这一特殊的民事法律行为和事件；以针对地区来讲，宪法、组织法、选举法等是适用于全国的法，而特别行政区基本法和法律，经济特区法规和规章则只适用于特别行政区和经济特区；以针对时间而言，一般法如宪法、刑法、民法等在它们的修改和废止以前一直有效，而有些特别法如戒严令等仅在特定的戒严时期内有效。

（五）国内法和国际法

这是以法的创制主体和适用主体的不同而作的分类。国内法是指在一主权国家内，由特定国家法律创制机关创制的并在本国主权所及范围内适用的法律；国际法则是由参与国际关系的国家通过协议制定或认可的，并适用于国家之间的法律，其形式一般是国际条约和国际协议等。国内法的法律主体一般是个人或组织，国家仅在特定法律关系中（为国家财产所有人）成为主体，而国际法的国际法律关系主体主要是国家。

三、卫生法

（一）卫生法概念

卫生法是指由国家制定或认可，并由国家强制力保证实施的，在保护人体健康活动中具有普遍约束力的社会规范的总和。卫生法是国家法律体系中的一个重要组成部分，是依法治国中不可缺少的一环。它具有法律的一般属性，又有特定的调整对象，并具有自己的特征而有别于其他法律。我国的卫生法是根据宪法的原则制定，主要涉及：国家卫生管理体制、卫生机构设置、任职资格、职权范围、公民、法人及其他组织在卫生活动中的权力与义务、行政责任与行政处罚等，是卫生监督的主要依据。

（二）卫生法体系

（1）卫生法律是由全国人民代表大会及其常务委员会制定颁布的有关卫生方面的规范性文件。

（2）卫生行政法规是指由国务院根据宪法和法律制定和颁布的有关卫生方面的规范性文件，如《公共场所卫生管理条例》。

（3）地方性卫生法规是指地方人民代表大会及其常务委员会，在法定权限内制定、颁布的有关卫生方面的规范性文件。

（4）卫生行政规章按卫生行政规章制定的主体来分，可分为国务院卫生行政部门制定发布的卫生行政规章；省、自治区、直辖市人民政府制定发布的卫生行政规章；省、自治区、直辖市人民政府所在地的市和经国务院批准的较大的市的人民政府发布的卫生行政规章。这三种类型的卫生行政规章的法律效力等级是不同的，国务院卫生行政部门制定发布的卫生行政规章的效力高于省、自治区、直辖市人民政府制定发布的卫生行政规章，在全国有效；省、自治区人民政府制定发布的卫生行政规章的效力高于其下级人民政府制定发布的卫生行政规章。

（三）卫生法特点

在形式上卫生法没有统一的法典，卫生法的稳定性较差，在形式上具有变动性的特点，卫生法的法律形式表现为多样化。在内容上，卫生法具有广泛性，卫生法也具有易变性，法规是实体法与程序法交织在一起。

（四）卫生法基本原则

卫生法的基本原则是人们在从事卫生活动过程中必须遵守的各种准则。卫生法的基本原则主要有以下五个方面：

1. 卫生保护原则

卫生保护是实现人的健康权利的保证，也是卫生保健制度的重要基础。卫生保护原则有两方面的内容，第一，人人有获得卫生保护的权利；第二，人人有获得有质量的卫生保护的权利。

2. 预防为主原则

卫生法实行预防为主原则，首先是由卫生工作的性质所决定的，其次是由我国经济发展水平所决定的。预防为主原则有以下几个基本含义：

（1）任何卫生工作都必须立足于防。

（2）强调预防，并不是轻视医疗。

（3）预防和医疗都是保护人体健康的方法和手段。未病防病，有病治病，防治结合，是预防为主原则总的要求。

3. 公平原则

所谓公平原则，就是以利益均衡作为价值判断标准来配置卫生资源，协调卫生保健活动，以便每个社会成员普遍能得到卫生保健。公平原则的基本要求是合理配置可使用的卫生资源。公平不是一个单一的、有限的目标，而是一个逐步改善的过程。

4. 保护社会健康原则

保护社会健康原则，本质上是协调个人利益与社会健康利益的关系，它是世界各国卫生法公认的目标。人具有社会性，要参与社会的分工和合作，所以，就要对社会承担一定的义务。这个义务就是个人在行使自己的权利时，不得损害社会健康利益。

5.患者自主原则

保护患者权利的观念是卫生法的基础，而患者的自主原则是患者权利的核心。所谓患者自主原则，是指患者经过深思熟虑就有关自己疾病的医疗问题享有合理的理智的并表示负责的自我决定权。它包括：

(1)有权自主选择医疗机构、医生及其医疗服务的方式。

(2)除法律、法规另有规定外，有权自主决定接受或者不接受某一项医疗服务。

(3)有权拒绝非医疗性服务等。我国目前还没有专门的患者权利保护法，但我国现行的卫生法律、法规都从不同角度对患者权利(如医疗权、知情权、同意权、选择权、参与权、隐私权、申诉权、赔偿请求权等)作了明确、具体的规定。

第二节　护理立法

一、护理立法概述

(一)护理法的概念

护理法是调整护理过程中形成的社会关系的法律规范的总称。这种关系涉及护理人员与病人、护理人员与医疗机构、护理人员与医师、护理人员与医技人员、护理人员与后勤人员、护理人员与社会等因护理服务所形成的各种关系。护理法不仅指直接对护理工作进行规范的法律法规，而且还包括与护理工作有关的法律法规。

(二)护理立法的原则

1.国家宪法是护理立法的最高守则

宪法是国家的根本大法，在法律方面，它有至高无上的权威，护理法的制定必须在国家宪法的总则下进行，而不允许有任何与其相抵之处。护理法规不能与国家已经颁布的其他任何法律条款有任何冲突。

2.护理法必须符合本国护理专业的实际情况

护理法的制定，一方面要借鉴和吸收发达国家的护理立法经验，确立一些先进目标；另一方面，也要从本国的文化背景、经济水准和政治制度出发，兼顾全国不同地区发展水平的护理教育和护理服务实际，确立更加切实可行的条款。假若脱离本国实际，势必难以实施，不仅失去其先进性和科学性，且无生命力。

3.护理法要反映科学的现代护理观

近几十年来，护理学从护理教育到护理服务，从护理道德到护理行为，从护理诊断到护理计划的实施、评估乃至护理咨询，护理管理等已形成较为完整的理论体系。只有经过正规培训且检验合格的护理人员才有资格从事实际护理服务工作。护理法应能反映护理专业的这种垄断性、技术性和义务性特点，以增强护理人员的责任感，提高社会效益的合法性。

4. 护理法条款要显示法律特征

护理法与其他法律一样，应具有权威性、强制性的特征，故制定的条款措辞必须准确精辟、科学而又通俗易懂。

5. 护理立法要注意国际化趋势

当今世界，科学、文化、经济的飞速发展势必导致法制上的共性，一国法律已不可能在本国法律中孤立地长期存在。所以，制定护理法必须站在世界法治文明的高峰，注意国际化趋势，使各条款尽量同国际上的要求相适应。如随着护理服务范围的扩大，社区初级卫生保健护士日益增多，需对护士的种类、职责范围赋予新的规定；随着现代科学技术的飞速发展，出现了许多与护理相关的潜在性法律问题，也需要从护理法中找到解决的依据等。

(三)护理立法的程序

护理立法从酝酿到颁布实施都要经过一个严肃的立法程序，一般分下列五个步骤：

1. 依法建立起草委员会

护理法起草委员会是由国家或卫生主管部门负责组建并通过指派、宣布、授权而具有立法机构权威性的职能机构。护理立法起草委员会的成员一般由护理专家、卫生行政管理人员、司法工作者组成，一般为非常设机构。其成员在有高素质、高资历，具有高度代表性，是唯一具备护理法条文解释权的法定代表。

2. 确定护理立法目标

护理起草委员会成立后的第一使命，是确定护理法立法的目标，即明确护理法条文应该涉及的范围，其内容应以符合本国现状，又尽可能与国际惯例相适应为基本准则。

3. 起草法律文件

起草过程一般按照集体讨论拟定与分工起草相结合的办法进行。汇总草案初稿后，提交相关的组织或会议审议后方能定为试行草案。

4. 审议和通过

护理法规草案的审议一般分两种渠道进行，即按法律草案部分和具体教育培训及服务实践法规部分分别审议。前者的审议，在我国一般要经过地方乃至全国人民代表大会举手通过，后者一般由政府主管部门审批同意。通过后的法律草案全文即可由政府颁布试行。

5. 评价、修订与重订

护理法规的实施大多分为试行或正式施行两个阶段。试行期一般为 2～3 年，在试行期结束前，国家授权起草委员会通过全面收集对试行过程中所反映的意见，作进一步修订，再提交立法机构和政府主管部门审议通过或批准，最后由政府宣布施行。

护理法的重订，一般是在正式施行若干年后，根据国家经济文化的状况而定。

（四）护理立法的分类和基本内容

各国现行的护理法规，基本上可以分为以下几大类：

第一类，是国家主管部门通过立法机构制定的法律法令。可以是国家卫生法的一个部分，也可以是根据国家卫生基本法制定的护理专业法。

第二类，是根据卫生法，由政府或地方主管当局制定的法规。

第三类，是政府授权各专业团体自行制定的有关会员资格的认可标准和护理实践的规定、章程、条例等。

除上述三类以外，如劳动法、教育法、职业安全法，乃至医院本身所制定的规章制度，对护理实践也具有重要影响。

护理法的基本内容，主要包括总纲、护理教育、护士注册、护理服务等四大部分。

总纲部分阐明护理法的法律地位、护理立法的基本目标、立法程序的规定、护理的定义、护理工作的宗旨与人类健康的关系及其社会价值等。

护理教育部分，包括教育种类、教育宗旨、专业设置、编制标准、审批程序、注册和取消注册的标准和程序等，也包括对要求入学护生的条件、护校学制、课程设置，乃至课时安排计划，考试程序以及护校一整套科学评估的规定等。

护士注册部分包括有关注册种类、注册机构、本国或非本国护理人员申请注册的标准和程序，授予从事护理服务的资格或准予注册的标准等详细规定。

护理服务部分，包括护理人员的分类命名，各类护理人员的职责范围、权利义务、管理系统以及各项专业工作规范、各类护理人员应达标准的专业能力、护理服务的伦理学问题等，还包括对违反这些规定的护理人员进行处理的程序和标准等。

二、护理立法的发展

（一）国外护理立法

护理立法源于 20 世纪初。1903 年美国北卡罗莱纳、新泽西等州首先颁布了《护士执业法》，作为护士执业的法律规范。英国于 1919 年率先颁布了英国护理法。荷兰于 1921 年颁布了护理法，随后，芬兰、意大利、美国、加拿大、波兰等国也相继颁布了护理法。在亚洲，日本于 1948 年正式公布了护士法。我国香港特别行政区制定有《香港护士注册条例》。中国台湾地区在 1991 年 5 月之前护士执业的法律依据是《护理人员管理规则》，1991 年 5 月台湾颁布了《护理人员法》，1992 年 4 月公布了《护理人员法实施细则》。

为了促进护理事业的发展，提高医疗护理质量，保证护理向专业化的方向发展，许多国家纷纷颁布了适合本国政治、经济、文化及护理特点的护理法规。世界卫生组织 1984 年的调查报告显示，欧美 18 国、西太区 12 国、中东 20 国、东南亚 10 国及非洲 16 国，都已制定了相应的护理法规。并在近几年来都对本国的护理法进行了不断的完善，已形成了一整套与本国卫生管理体制相适应的专门法规。护理法成了指导护理实践及教育合法的纲领，对本国的护理管理走向法制化起到了重要的作用。值得借鉴的是，美国护士学会 1950 年通过了《护士守则》，并经 1976 年及 1985 年两次修订。《护士守则》全面地对护士提出了以下 11 项要求：

（1）护士在提供服务时应尊重其个人的尊严及独特性，不受服务对象社会地位、经济地位、个人特征或健康问题的限制。

（2）护士要捍卫病人的隐私权，并谨慎地保证那些具有保密性质的信息不被泄露。

（3）由于任何人的不称职、不道德或非法行为危及健康服务及安全时，护士应挺身而出，捍卫服务对象及公众的利益。

（4）护士对个人的护理判断及行为有义不容辞的责任。

（5）护士必须胜任护理工作。

（6）护士必须采用知情判断，并在邀请咨询、接受任务、或委托护理活动时，应根据个人的能力及资格，量力而行。

（7）护士应为积累及发展护理专业的知识体系作出贡献。

（8）护士要为实现实施及提高护理质量而奋斗。

（9）护士要为护理专业创造一个有利于提高护理质量的就业环境而奋斗。

（10）护士要为保持护理专业的完美而奋斗，不使公众受错误信息及宣传的蒙蔽。

（11）护士应与其他卫生专业工作人员及公众一起为满足本地区及整个国家的公众健康需要而奋斗。

不仅各个主权国家重视有关护士、护理立法，有关护士国际组织也十分重视护士的道德规范建设和护士管理立法，以法律的形式对护理人员的资格、职责、范围、教育培训、实践服务等问题予以规定。在有关国际组织的推动下，世界范围内的护理工作得到了很快的发展。1947 年国际护士委员会发表了一系列有关护理立法的专著。1953 年世界卫生组织发表了第一份有关护理立法的研究报告。1953 年国际护士会制定了《护士伦理学国际法》，并分别于 1965 年和 1973 年再修订，并一直沿用至今。《护士伦理学国际法》明确护士的基本任务包括"增进健康，预防疾病，恢复健康和减轻痛苦"四个方面，指出"护理的需要是全人类性的。护理从本质上说就是尊重人的生命、尊严和权利。护理工作不受国籍、种族、信仰、肤色、年龄、政治或社会地位的影响。"并规定：

（1）护士向个人、家庭及社会提供健康服务，并在服务过程中与有关的组织或团体合作。

（2）护士和人民：护士的主要职责是向那些需要护理的人负责。护士在向病人提供护理时，要尊重个人的信仰、价值观及风俗习惯。护士要保守服务对象的个人秘密。在传播这些秘密时必须作出伦理学的判断。

（3）护士与实践：护士必须为个人的护理行为负责，必须不断学习，做一个称职的护士。在任何具体情况下，护士都应尽可能保持高标准的护理。护士在接受或委派一项任务时，必须对自己的资格和能力做出判断。护士在从事专业活动时，必须时刻牢记自己的行为将影响职业的荣誉。

（4）护士与社会：在发起并支持满足公众的卫生和社会需要的行动中，护士要和其他公民一起分担任务。

（5）护士与合作者：护士在护理及其他方面，与合作者保持合作共事的关系。当护理工作受到合作者或某些人的威胁时，护士要采取适当的措施以保护个人。

（6）护士与专业：在决定或执行某些理想的护理实践和护理教育的标准时，护士发挥重要的作用。在积累专业的核心知识方面，护士起着积极的作用。护士通过专业团体，参与建立及保持护理工作中公平的社会及经济方面的工作条件。

1968 年，国际护士会成立了护理立法委员会，并专门制定了世界护理法上划时代性的纲领性文件——《制定护理法规的指导大纲》，为各国的护理立法提供了系统而权威性的指导。

（二）新中国护士立法

在旧中国，国民政府卫生署曾公布过《护士暂行规则》。新中国成立后，政府和有关部门十分重视护理队伍的稳定、护理人才的培养和护理质量的提高，卫生部先后发布了《医士、药剂士、助产士、护士、牙科技士暂行条例》、《卫生技术人员职称及晋升条例》、《关于加强护理工作的意见》，1982 年卫生部发布了《医院工作制度》和《医院工作人员职责》，其中规定了护理工作制度和各级各类护士的职责。1988 年卫生部制定了包括护士在内的《医务人员医德规范及其实施办法》等规章和文件。然而，多年来由于没有建立起严格的考试、注册及执业管理制度，大量未经正规专业培训的人员涌入护士队伍；护理教育萎缩，严重地损害了护理事业的基础；也使护理事故难以控制，护理队伍整体素质难以提高，医疗护理质量难以保证。有鉴于此，为了加强护士管理，提高护理质量，保障医疗和护理安全，保护护士的合法权益，卫生部于 1985 年开始起草《中华人民共和国护士法》，并以多种形式广泛征求意见及建议，对草案进行了多次的修改和完善。为了配合《医疗机构管理条例》的实施，尽快建立护士资格考核制度及护士执业许可制度，卫生部经反复论证，在原《中华人民共和国护士法（草案）》的基础上，于1993年3月26日发布了《中华人民共和国护士管理办法》，自1994年1月1日起施行。《中华人民共和国护士管理办法》是关于护理人员的资格、权利、责任和行为规范的法律与法规。明确了护理的概念、独立性、教育制度、教学内容、教师的资格、考试及注册制度、护士的执业及行政处分原则等，对护理工作有约束、监督和指导的作用。

为了维护护士的合法权益，规范护理行为，促进护理事业发展，保障医疗安全和人体健康，2008年1月31日，国务院总理温家宝签署第517号国务院令，公布《护士条例》，并于同年5月12日起正式施行。该条例首次以行政法规的形式规范护理活动，标志着我国护理管理工作正逐步走上规范化、法制化轨道。

第三节　法律在护理专业中的意义

第一，使护理管理法制化，保障护理安全，提高护理质量。护理法的实施，使护理管理法制化，从而保证了护理工作的稳定性及连续性，防止护理差错事故的发生，保证了护理工作的安全及护理质量的提高。

第二，促进护理教育及护理学科的发展。护理法集中最先进的法律思想及护理观念，为护理专业人才的培养和护理活动的开展制定了法制化的规范及标准，使护理工作中有时难以分辨的正确与错误，合法与非法等，在法律的规范下得到统一。促进了护理专业向现代化、专业化、科学化、标准化的方向发展。

第三，促进护理人员不断学习和接受培训。护理法规定的护士资格、注册、执业范围等，是不可变更的，以法律的手段促进护理人员不断学习和更新知识，从而促进护理专业的整体发展。

第四，明确了护士的基本权益，使护士的执业权益受到法律的保护。通过护理立法，护理人员的地位、作用和职责范围有了明确的法律依据，使护理人员在从事正常护理工作的权利、履行自己的法定职责等方面最大限度地受到法律的保护，增强了护理人员对护理专业崇高的使命感和安全感。

第五，有利于维护病人及所有服务对象的正当权益。对于不合格或违反护理准则的行为，病人可根据护理法追究护理人员的法律责任，从而最大限度地保护了病人及所有服务对象的合法权利。

☞ 【案例一】

某产妇在投诉一报社时叙述："怀孕时因臀位，我受到了特殊的待遇。记得那天查房以后，几个医学院的见习护士鱼贯而入，围在我的床前，当场我要求这些见习生回避，让她们去叫带教老师，但被她们拒绝并说已和带教老师打过招呼，还说是为了完成老师留下的见习任务来给我查体的。接下来，她们边询问我一些情况边在我隆起的肚皮上触摸。早春三月，寒冷侵蚀着我的肌肤，听说必须剖腹产，恐惧缠绕我周身，还要下半身毫无遮拦地面对这些见习护士，我感到羞愧与尴尬。唯有闭紧双眼，任由那十几双手来回折腾，我觉得这件事对我不公平，医院应该给个说法。

问题：

1. 本案例带教老师及见习护士是否触及了法律问题？

2. 如何定论和防范？

☞ 【案例二】

原告邓某等5人系死者邓享圣之子女。2009年12月15日，邓享圣因身体不适，到某大学一附院就诊，经CT检查，发现其肝、肾、肺均有囊肿。因考虑到在此住院治疗照顾不便，只要求医生开些药就返回家。2009年12月17日下午3时，邓享圣到被告就诊并住院治疗。经初步诊断为肺间质病、肺纤维化。次日早晨5时，邓享圣突然腹痛，阵发性绞痛。家属报告医生，医生对邓享圣肌肉注射了维生素K_3针剂，但无效果，邓享圣腹痛仍然厉害，痛得满头出汗，且放声大哭。被告认为邓享圣同时伴有肠梗阻，9时便开具潘泻叶10克让邓享圣冲水服，同时对邓享圣进行654—2针剂点滴，用药1小时以后，邓享圣疼痛有所缓解。11时许，邓享圣出现呼吸困难，被告便给予持续低流量输氧。14时30分邓享圣失语，呼之不应，为排除脑血管意外，决定给予头颅CT扫描，在送往CT室扫描途中，为方便检查，被告拔掉了邓享圣的氧气管，将到CT室门口，邓享圣于15时即死亡。

问：此案例中存在哪些法律问题？

思考与练习

1. 法的特征有哪些？

2. 卫生法的特征及基本原则？

3. 护理立法的基本原则？

（孙梦霞）

第二章 护士执业与职业道德

学习目标

1. 掌握护士的定义及护士的法律责任。
2. 熟悉护士职业道德的概念、内容及护士职业行为规范。
3. 了解护士执业的条件。

名言导入

由于有法律才能保障良好的举止,所以也要有良好的举止才能维护法律。

——马基雅弗利

护理工作是医疗卫生工作的重要组成部分,护士的基本素质和技术水平是保障护理工作质量和推进护理专业发展的重要基础,更是保证医疗护理安全、维护病人生命和促进病人健康的必要条件。为了加强护理队伍建设及护士队伍规范化管理,我国颁布了相关法规。

第一节 护士管理条例

为进一步规范我国护士队伍,卫生部于1993年3月26日以部长令颁布了《中华人民共和国护士管理办法》并自1994年1月1日起实施。因原有的法律不能规范和解决一些存在的问题,为了维护护士的合法权益,规范护理行为,促进护理事业发展,保障医疗安全和人体健康,经反复调研,2008年1月31日国务院颁布《护士条例》,自2008年5月12日起施行。

一、护士的概念

本条例所称护士,是指经执业注册取得护士执业证书,依照本条例规定从事护理活动,履行保护生命、减轻痛苦、增进健康职责的卫生技术人员。护士人格尊严、人身安全不受侵犯。护士依法履行职责,受法律保护。全社会应当尊重护士。

二、护士管理机构

国务院卫生主管部门负责全国的护士监督管理工作。县级以上地方人民政府卫生主管部门负责本行政区域的护士监督管理工作。按照国务院卫生主管部门的规定，医疗卫生机构应当设置专门机构或者配备专(兼)职人员负责护理管理工作。

三、护士执业注册

中华人民共和国《护士条例》第七条：护士执业，应当经执业注册取得护士执业证书，才能从事护理工作，也是护士从事护理活动的唯一合法的法律文书。未经执业注册取得护士执业证书者，不得从事护理活动。

本条对申请护士执业注册应具备的条件进行了规定，同时规定了护士首次执业注册的程序、变更执业注册、延续执业注册以及注销执业注册的工作程序。该条例还规定了护士执业注册的有效期。

（一）申请护士执业注册，应当同时具备的条件

1. 具有完全民事行为能力

民事行为能力是指法律确认的公民通过自己的行为从事民事活动，参加民事法律关系，取得民事权利和承担民事义务的能力。民事能力包括完全民事行为能力、限制民事行为能力、无民事行为能力三种类型。我国《民法通则》指出：18周岁以上的公民是成年人，具有完全民事行为能力，可以独立进行民事活动，是完全民事行为能力人，和(或)16周岁以上不满18周岁的公民，以自己的劳动收入为主要生活来源的，视为完全民事行为能力。

2. 在中等职业学校、高等学校完成国务院教育主管部门和国务院卫生主管部门规定的普通全日制3年以上的护理、助产专业课程学习，包括在教学、综合医院完成8个月以上护理临床实习，并取得相应学历证书。

本条例规定了所有层次的毕业生包括中专、专科、本科生均须参加护士注册考试，取代了1994年卫生部颁布的《中华人民共和国护士管理办法》中普通本科毕业的学生可以免考而直接申请执业资格的规定。

3. 通过国务院卫生主管部门组织的护士执业资格考试

护士执业资格考试遵循"公平、公开、公正"的原则。目前，护士执业资格考试实行国家统一考试制度，统一考试大纲，统一命题，统一合格标准。护士执业资格考试每年举办一次，考试内容包括专业实务和实践能力两个科目，一次考试通过两个科目为考试成绩合格。

4. 符合国务院卫生主管部门规定的健康标准

因健康问题不适合或不能胜任护理工作者，避免从事护理工作。申请者需提

供本地区二级以上医院 6 个月以内的健康检查证明。健康是否合格的标准参照《2007 中央、国家公务员录用体检通用标准(试行)》的规定。

《护士执业注册管理办法》规定,申请护士注册,应当符合下列健康标准:无精神病史;无色盲、色弱、双耳听力障碍;无影响履行护理职责的疾病、残疾或者功能障碍。

(二)护士首次执业注册申请及办理程序

1. 申请程序

护士执业注册申请,应当自通过护士执业资格考试之日起 3 年内提出;逾期提出申请的,除应当满足以上规定条件外,还应当在符合国务院卫生主管部门规定条件的医疗卫生机构接受 3 个月临床护理培训并考核合格。

2. 护士首次注册需提交的材料

根据《护士执业注册管理办法》第七条规定,申请护士注册,应当提交下列材料:

(1)护士执业注册申请审核表。

(2)六个月内免冠正面两寸照片两张。

(3)申请人身份证。

(4)申请人学历证书及专业学习中的临床实习证明。

(5)护士执业资格考试成绩合格证。

(6)省、自治区、直辖市人民政府卫生行政部门指定的医疗机构出具的申请人 6 个月内的健康体检证明。

(7)医疗卫生机构拟聘用的相关材料。

3. 办理程序

《护士条例》第八条:申请护士执业注册的,应当向拟执业把省、自治区、直辖市人民政府卫生主管部门提出申请。收到申请的卫生主管部门应当自收到申请之日起 20 个工作日内做出决定,对具备本条例规定条件的,准予注册,并发给护士执业证书;对不具备本条例规定条件的,不予注册,并书面说明理由。

4.《护士执业证书》的内容

包括:(1)护士本人的基本情况,如姓名、性别、年龄、民族等;(2)统一的护士注册证书编号;(3)颁发护士注册证书的卫生行政部门及签章;(4)护士执业地点;(5)护士执业的有效期;(6)护士执业的情况,包括延续、变更执业注册的情况等。

5.《护士执业证书》由卫生部统一印制。

(三)护士执业注册的有效期

《护士条例》第八条:护士执业注册有效期为 5 年。

（四）延续护士执业注册的规定

1.延续注册申请程序

《护士条例》第十条：护士执业注册有效期届满需要继续执业的，应当在护士执业注册有效期届满前 30 日向执业地省、自治区、直辖市人民政府卫生主管部门申请延续注册。

2.申请延续注册应当提交的材料

（1）护士延续注册申请审批表；

（2）申请人的《护士执业证书》；

（3）省、自治区、直辖市人民政府卫生行政部门指定的医疗机构出具的申请人 6 个月内的健康体检证明。

3.延续注册的办理

收到申请的卫生主管部门对具备本条例规定条件的，准予延续，延续执业注册有效期为 5 年；对不具备本条例规定条件的，不予延续，并书面说明理由。

有下列情形之一的，不予延续注册：

（1）不符合本办法的六条规定的健康标准的。

（2）被处暂停执业活动处罚期限未满的。

（五）变更护士执业注册的规定

1.申请变更

《护士条例》第九条：护士在其执业注册有效期内变更执业地点的，应当向拟执业地省、自治区、直辖市人民政府卫生主管部门报告。护士应当在其取得护士执业注册有效期 5 年内提出。

2.申请变更需提交的材料

（1）护士变更注册申请审批表；

（2）申请人的《护士执业证书》。

3.变更手续办理

收到报告的卫生主管部门应当自收到报告之日起 7 个工作日内为其办理变更手续。护士跨省、自治区、直辖市变更执业地点的，收到报告的卫生主管部门还应当向其原执业地省、自治区、直辖市人民政府卫生主管部门通报。省、自治区、直辖市人民政府卫生主管部门收到护士变更执业注册的报告后，应当在 7 日内进行审查，对符合条件的为其办理变更手续，不符合条件的应书面告知理由。

4.无需办理变更手续的情形

承担卫生行政部门交办或者批准的任务以及履行医疗卫生机构职责的护理活动，包括经医疗卫生机构批准的进修、学术交流等，护士不需要办理变更手续。

（六）重新申请护士执业注册

1. 重新申请护士执业注册的情形

①注册有效期届满未延续注册的；②受吊销《护士执业证书》处罚的，自吊销之日起满2年的。

2. 重新注册的应提交材料

同首次申请执业注册所需提交的材料；如果中断护理执业活动超过3年的，还应提交在省、自治区、直辖市人民政府卫生行政部门规定的教学、综合医院接受3个月临床护理培训并考核合格的证明。

（七）注销护士执业注册

《护士条例》第十条：护士有行政许可法规定的应当予以注销执业情形的，原注册部门应当依照行政许可法的规定注销其执业注册。

注销护士执业注册的情形有以下几种：

（1）注册有效期届满未延续注册。

（2）护士执业注册被依法撤销、撤回，或者依法被吊销的。

（3）护士死亡或者因身体健康原因丧失民事行为能力。

护士执业注册申请人隐瞒有关情况或者提供虚假材料申请护士执业注册的，卫生行政部门不予受理或者不予护士执业注册，并给予警告；已经注册的，应当撤销。

（八）我国对境外毕业护士来华申请执业注册的规定

随着护理国际化程度的进一步发展，护士到其他国家工作或其他国家护士申请来我国工作，已经是很常见的现象。我国卫生部1994年实施的《中华人民共和国护士管理办法》第三十四条规定，境外人员申请在中华人民共和国境内从事护士工作的，必须依本办法的规定通过执业考试，取得《中华人民共和国护士执业证书》并办理注册。

第二节　护士法律责任

护理工作平凡而伟大、神圣而美好，是知识、技术、爱心的结合。护理工作的神圣在于其职责是预防疾病，保护生命，减轻痛苦，增进健康。护理工作的好坏，直接影响着千家万户的快乐、安康。因此，护士在实际工作中要有严谨的工作作风和防范意识，杜绝事故的发生及护理工作中潜在的法律问题，以防由于疏忽、失误给病人带来不应有的损失和痛苦，给自己的工作、生活和精神造成影响。

护士执业考试合格，并经执业注册后，才能成为法律意义上的护士，才能履行护士的义务，享有护士的权利，承担相应的法律责任。

一、护士法律责任

(一)处理和执行医嘱

医嘱是护士对病人实施护理的法律依据。在执行医嘱时，护士应熟悉各项医疗护理常规、各种药物的作用、副作用及使用方法。护士拿到医嘱后，经过仔细查对，确保无误后，应准确及时地加以执行。随意篡改或无故不执行医嘱均属违法行为。如护士对医嘱有疑问，应进行核查。护士如果发现医嘱有明显的错误时，应报告护士长或上级主管部门。如果护士明知医嘱有错误，但不提出质疑，或护士由于疏忽大意而忽视医嘱中的错误，由此造成的严重后果，护士与医生共同承担法律责任。

(二)独立完成护理活动时

应明确自己的职责范围、工作单位的政策及工作要求，超出自己职能范围或没有遵照规范要求，而对病人产生伤害，护士负有不可推卸的法律责任。

(三)委派别人实施护理时

必须明确被委托人有无担负此项工作的资格、能力及知识，否则由此产生的后果，委派者负有不可推卸的责任。

(四)书写临床护理记录

应及时准确无误、完整，其中包括体温单、执行医嘱的记录、病人的监护记录、护理病例、护理计划等。护理记录具有重要的法律意义，如发生医疗纠纷时，完整、可靠的护理记录可提供当时诊治的真实经过，是重要的法律证据或线索，如果被丢失、涂改、隐匿、伪造或销毁，都是违法行为。

(五)入院与出院

病人入院时应告知病人病区环境及设施、有关的医护人员、医院与病人有关的规章制度和安全规定等。出院时交代病人出院以后的疾病康复知识、正确用药方法、饮食休息要求、功能锻炼方式、复诊时间，必要时以书面形式告知病人。

(六)病人死亡及有关问题的处理

病人在死亡前常留下遗嘱，有时护士会被作为遗嘱的见证人。病人死亡后，护士应填写有关卡片，做好详细准确的记录，特别是病人的死亡时间。如病人同意尸检，捐献自己的遗体或组织器官时，应有病人或家属签字的书面文件。如病人在紧急情况下住院，死亡时身旁无亲友时，其遗物至少有 2 人在场的情况下清点、记录，并交病房负责人妥善保管。

(七)麻醉药品及其他物品的管理

麻醉药品，是指对中枢神经有麻醉作用，连续使用后易产生身体依赖性、能形成瘾癖的药品。大致可分为：阿片类、可卡因类、大麻类。临床上用于术后、晚期癌症及一些危重病人的对症治疗。这类药物使用和贮存应严格管理，各班交接，护士只能凭医嘱领取及应用这些药物，如护士随意窃取、盗卖或自己使用这些药物，则会构成贩、吸毒罪。

二、护生的法律责任

《护士条例》第二十一条规定，医疗机构不得允许未取得护士执业证书的人员在本机构从事诊疗技术规范规定的护理活动。在教学、综合医院进行护理临床实习的人员应当在护士指导下开展相关活动。

护生是正在学习的学生，虽然通过在学校学习具备一定的理论知识和技术，但未取得护士执业证书，因而没有成为法律意义上的护士。必须严格依照学校及医院的要求，只能在专业教师或护士的指导和监督下，才能对病人实施护理。如果护生脱离专业教师或护士的监督指导，擅自行事并损害了病人的利益，护生应对自己的行为负法律责任。

三、临床护理工作中存在的法律问题

（一）未取得护士执业证书或者未按规定办理执业地点变更手续，未延续执业注册在医疗机构从事诊疗技术规范规定的护理活动的。

（二）发现患者病情危急未立即通知医师的。

（三）发现医嘱违反法律、法规、规章或者诊疗技术规范的规定，未依照规定提出或者报告。

（四）擅自涂改隐匿、伪造或销毁病历。

（五）执行医嘱不及时，观察病情不仔细，未及时发现病情或隐瞒病情。

（六）因护理言语、态度、行为不当等原因导致病人病情变化。

（七）入院、出院宣教不到位。

（八）实习生安排与管理不当。

（九）泄露患者隐私。

四、护士法律责任防范措施

（一）更新观念，提高法律意识。

（二）重视新知识、新理论、新技术的学习。

（三）严格交接班及查对制度。

（四）规范护理文书书写。

（五）加强住院患者的管理。

（六）发生差错及时上报。

在各种护理工作和操作中要求切记"五个不可"：

（1）不可简化操作流程；

（2）不可忽视每一查对，"三查八对"（"三查"是加药前查，加药中查，加药后查，"八对"则是对姓名，对药名，对剂量，对有效期，对用法，对时间，对浓度，对床号）要字字查清；

（3）不可凭客观经验估计办事；

（4）不可忽视操作中的病情变化；

（5）不可放手让实习生无监督的单独操作。

作为一名法律意义上的护士，既要维护患者的权益不受侵害，又要保护自身权益不受侵害。除了履行护士的义务，享有护士的权利，更应该承担起相应的法律责任。

第三节　护士职业道德

职业道德又叫专业品格。护士的职业道德就是护士和病人之间及工作中的协助者之间关系的行为准则。它是社会道德现象在护理专业上的体现。因此，加强护理道德的研究和教育，尽快完整地确定护士的道德规范，研究出培养护士优良职业道德的措施，以改变当前护理工作现状，对发展护理专业具有重要意义。

一、护士职业道德的概念

护理职业道德，是在一般社会道德基础上，根据护理专业的性质、任务，以及护理岗位对人类健康所承担的社会义务和责任，对护理工作者提出的护理职业道德标准和护士行为规范。是护士用于指导自己言行，调整护士与病人，护士与集体，护士与社会之间关系；判断自己和他人在医疗、护理、预防保健、护理管理、护理科研等实践过程中行为是非、善恶、荣辱和褒贬的标准。

二、护理职业道德的基本内容

从心理学角度来看，护士的职业道德应由意（意志）、情（情感）、知（知识）、行（行为）四要素组成。

（一）热爱本职、忠诚专业

护士是一种专门职业，护士的根本职责是通过治疗和预防为人类保护生命、减轻痛苦和促进健康。护理教育创始人南丁格尔说："护士必须有一颗同情的心和一双愿意工作的手。"在医院里工作的护士，为病人服务，病人中有的清醒，有的昏迷、有的慢疾缠身，有的急病凶险。病人来自社会的各阶层，不同民族、不同年龄、不同性别、不同性格。这一特定的工作对象决定了护士工作的复杂性。要求护士要具有特殊的道德风尚，在我们社会主义国家里则要求护士具有高度的共产主义觉悟和革命的人道主义精神，做到不怕脏、不怕累，热爱本职、忠于职守、忠于病人，在技术上要精益求精，把自己的一切献给护理事业。

（二）体贴同情、和蔼可亲

病人接触最多的是护士，护士的一言一行将直接影响着他们的情绪，如护士亲切的表情，将使病人充满信心，感到温暖。反之，护士带着轻视厌恶态度就会使病人感到屈辱甚至激怒而加重病情。因此，护士应具有一颗慈善而纯洁的心，视病人如亲人，做到礼貌热情，主动周到，体贴入微。当个人利益与病人利益发生矛盾时，要有为了病人勇于牺牲自身的精神。

（三）知识丰富，技能精巧

现代科学的发展对护士的知识结构提出了更高的要求，如自然科学、社会科学、医学基础，护理技术等，不但要求理论基础知识扎实，而且要求技术操作精巧熟练，这样才能更好地造福于病人。因此，护士除了学完护校的全部课程外，还应结合工作实践刻苦学习，不断掌握本行业、本专科的新技术，不断学习新理论，注意新动态，并争取有所创新，有所前进。

（四）有道德有修养的行为

1. 风度优雅、举止端庄

由于护士工作接触的对象特殊，要求护士在工作中，服装整洁，言谈文雅，举止端庄，作风正派。护士只有具备了这些优雅的风度，才能给予病人良好的印象，才能对护士产生信赖感。

2. 勤劳细致、严肃忠诚

在医院里，不少病人昏迷不醒或瘫痪，一切要由护士照料，而护理技术操作又多为护士单个进行，因此勤劳细致、严肃忠诚是护士专业品格不可缺少的组成部分，护士在工作中应始终坚持有严肃的态度、严格的要求、严密的方法。无论何时何事应忠诚老实、认真负责，不得弄虚作假。工作一旦发生差错事故，应毫不隐瞒，迅速汇报，及时处理。

3. 谦虚谨慎，善于合作

护士相处的对象除病人之外，还有家属、医生、其他护士及医院员工。因此，一个护士应有良好的个性修养，做到谦虚谨慎，尊重人，体谅人，帮助人。对病人家属应耐心解释和指导，对医生应尊重和信任，密切合作，诚实而机智地执行医嘱。青年护士对资历老的护士应尊重和体贴，年老的护士对年轻的护士要关心、爱护和指导。

4. 情绪稳定、干练沉着

在工作中，特别是紧张的抢救中，护士要做到沉着果断，迅速敏捷，灵活机动，有条不紊。在个人遇到困难和挫折时，能理智地控制自己的感情，决不因个人情绪影响工作。对那些性情暴躁或者爱挑剔的病人决不与其计较，始终保持护士崇高的职业道德。

三、护士职业道德的培养

1. 培养强烈的道德责任感和事业心

道德责任感和事业心是密不可分的，它是由人们一定的内心信念和道德情感支配，自觉履行对社会、对他人的责任或义务。由于护士的工作关系到病人的安危，所以负有重大的责任。要做好护士工作，首先要有强烈的责任感和事业心，热爱本职工作，不论遇到任何困难和挫折都不动摇。要树立全心全意为患者服务的思想，对工作认真负责，一丝不苟，准确无误，对患者、对社会负责。努力钻研业务，不断更新知识，使护理技术精益求精。

2. 讲究社会主义道德，培养高尚的情操

护士与患者本来只是一种工作上的关系，两者之间并无血缘关系也不是亲朋好友。但是，只要患者进了医院，就要求护士像对待自己亲人一样，精心照料，体贴入微。如果不具备社会主义道德观念，没有高尚的情操，是很难做到的。只有对患者有同情心，对生命和对护理工作的热爱，才能对患者无私的奉献爱心，做到不是亲人胜似亲人。

3. 注重职业道德修养，自觉做好护理工作

护士常常是一个人单独工作，有时面对的是一些昏迷不醒或不能说、不能动的病人，工作中干多干少，仔细或马虎都不易被察觉。对于职业道德修养好的护士，不论在哪种情况下工作，都会表里如一，认真负责地做好本职工作。相反，有的护士则可能在人前认真肯干，单独工作时则马马虎虎，偷工减料，表里不一。患者有可能由于护士工作马虎不负责，延误或加重病情，甚至危及生命。所以，护士应注重职业道德的修养，做到人前人后一个样，认真做好护理工作。

护士的职业道德规范要求做到8个字：爱（专业）、亲（病人）、精（技巧）、雅（风度）、严（作风）、勤（工作）、诚（协助）、正（廉政）。

(1) 爱：热爱本职工作，熟悉业务。

(2) 亲：使患者有安全感、亲切感和信任感，安心治疗，早日康复。

(3) 精：工作要熟能生巧，以精湛的技术和技巧完成护理工作。

(4) 雅：要仪表端庄，谈吐高雅，以热情友善，和蔼的态度接触患者。

(5) 严：工作作风严谨，遵守各项规章制度，不违章操作。

(6) 勤：勤奋工作，任劳任怨，不计较个人得失。

(7) 诚：主动协助医生做好治疗工作，勤奋学习，对患者提出的合理要求尽可能满足。

(8) 正：公正廉洁，不收或索取患者的红包、物品等。一名合格的护士，必须按护士的职业道德要求努力去做。应从以下几点去培养自己的道德修养。

总而言之，医院应把职业道德教育放在首位，培养合格的护理人员。而护理

人员也应自觉锻炼，使自己成为具有良好职业道德且技术精湛的护理工作者，为我国的护理事业做出应有的贡献。

☞ 【案例一】

　　小张，某职业院校护理专业毕业后，参加护士执业资格考试成绩合格，未申请护士执业注册，在某二甲医院内科当助理护士。在一次巡视病房时，患者陈某(患肺心病)称其输液速度太慢，随即小张将其输液速度调至80滴，30分钟后，陈某出现急性肺水肿的表现，经抢救后脱离危险。

　　问题：
　　1.在此案例中，小张的行为是合法的吗？
　　2.小张及医疗机构是否要承担相应的法律责任？

☞ 【案例二】

　　李某，男，45岁。因中晚期胃癌在某三级医院行"胃癌根治术"。回到病房已经是中午12:30分，手术医生和家属都吃饭去了。值班护士在护理站坐着，这时实习护士去给病人测量血压，回来后对值班护士说：血压有点低。值班护士"唔"了一声，没在意。当时值班医生也在护士站坐着，护士也没对值班医生反映病情，值班护士没再去巡视病人。半小时后，家属吃饭回来发现病人已经休克，经抢救无效死亡。

　　问题：
　　1.在此案例中，值班医生、护士、实习护生的行为是是否合法？要承担怎样法律责任？
　　2.如果你是那名护士，该怎么做？

思考与练习

1.申请护士执业注册的条件有哪些？
2.怎样才能成为一名法律意义上的护士？
3.护士职业道德的概念及基本内容？

(王海荣)

第三章　护患关系与护理行为

学习目标

1. 掌握护患沟通的技巧、护理纠纷的解决途径。
2. 熟悉护理差错定义、分类；医疗护理事故的定义、必备条件及分级。
3. 了解护患关系的定义、影响护患关系的因素、患者的权利。

名言导入

无论何人，如为他人制定法律，应将同一法律应用于自己身上。

——阿奎那

护患关系、护理差错纠纷、护理事故是临床护理工作中较为常见的问题。如何做好护患沟通、预防差错事故的发生，及发生后如何应对和处理，是护理人员必须掌握的一些知识。本章就患者的权利、护患关系的现状、影响护患关系的因素及解决办法做简单阐述。

第一节　护患关系与护患沟通

护患关系是护士和患者通过交往和联系建立起来的一种人际关系，它发生在患者不能满足自己基本需要及治疗康复的过程中，护患关系融洽与否决定于护患双方需要得到满足的程度，护士在护患关系中处于主动地位。因此，护士的行为对良好护患关系的形成起着至关重要的作用。

一、护患关系的定义

护患关系，有广义和狭义之分。狭义的护患关系仅指护理人员与患者之间在医疗护理工作中形成的关系。广义的护患关系中，"护方"，不仅指护士，同时还包括护理人员所在的医疗机构或医疗单位。"患方"，不仅指患者，还包括患者的近亲属、监护人、所在单位。因此，广义的护患关系，是指以护理人员为主的群体一方，与以患者为主的群体一方，基于护理人员为患者提供疾病护理服务而形成的关系。

法律所规范的护患关系，通常指广义的护患关系。在现代社会中，护理人员往往是服务于一个医疗机构，患者也是到护理人员所在医疗机构去就诊，接受医疗机构提供的诊疗护理服务，从而与医疗机构建立法律关系，医疗纠纷也是发生在患者与医疗机构之间，而不是发生在患者与护理人员之间。所以，本章所称护患关系主要是广义上的护患关系。护患关系从患者就诊开始建立，直至出院才告结束，因此，护患关系贯穿于护理活动全过程。

二、护患关系的基本模式

以护患技术层面的关系特点为基础进行分类的护患关系的基本模式为目前比较公认的医患关系模式。主要为以下三种：

（一）主动——被动型（最古老的护患关系模式——纯护理型）

西方学者也称为"父权主义型"。这种护理模式，医务人员是主动的，患者是被动的，其要点是"为患者做什么"。病人无法参与意见，不能表达自己的愿望，病人的积极性调动不出来。所以，对于这类全依赖型的病人，护士要加强责任心，勤巡视。但目前一般来说，不提倡采用这种模式。

（二）指导——合作型（指引型）

这是现代医患关系的一种基础模式。护患双方在护理活动中都应当是主动的，其中以执行护士的意志为基础，但病人可以向护士提供有关自己疾病的信息，同时也可提出要求和意见。其要点是：医务人员"告诉患者做什么"。它有利于提高诊疗效果、及时纠正医疗差错，对协调医患关系起到了积极作用。但仍不够理想和完善。

（三）共同参与型（自护型）

这是现代医患关系的一种发展模式。这种模式的护患关系是双向的，是一种新型的平等合作的护患关系。护患双方共同探讨护理疾病的途径和方法，在护理人员的指导下充分发挥病人的积极性，并主动配合，亲自参与护理活动。其要点是：医务人员与患者"双方协商做什么"。这种模式对消除隔阂，建立真诚信任的医患关系，提高医疗质量是非常有利的，是应积极构建的医患关系模式。

三、影响护患关系的因素

（一）人力配置不合理及经济因素方面

目前，护士队伍严重缺编，我国护理人力资源供给数量不足，每千人口中仅有护士1.4名，与世界大部分国家每千人口护士比 >3 相比相差甚远。由于临床一线护士配置不足，护士超负荷工作影响了护理质量，在一定程度上损害了护患关系。在市场经济条件下，护患关系出现了经济化、人机化、多元化、社会化、法制化的趋向；患者面对高额医药费，因病致贫或看不起病，愤怒怨气转嫁到医院及临床一线的护士身上，护患纠纷日益增多，导致护患关系进一步恶化。

（二）护士自身素质方面

在临床医疗工作中，护士直接与患者打交道，护士的综合素质直接影响着护患关系。护士自身素质对护患关系的影响主要表现在以下几个方面：

1. 护士的护理技术不过硬

医学科学发展迅速，而护理教育相对滞后，护理人员知识更新不及时，对专业知识掌握不够，对新技术、新业务和新药品知识欠缺了解，对一些疾病的发展、治疗、转归，疾病的变化缺乏预见性，观察不到位，知其然不知其所以然，对患者解释不清，不能取得患者的信任。护士娴熟的技术是取得患者信任、建立和维持良好护患关系的重要环节。护士由于专业技术不过硬出现的差错、失误，是患者难以建立起对护士信任的主要原因。

2. 护士的护理行为不规范

严格的规章制度，规范的护理行为是减少护患纠纷及护理差错的重要措施，在临床护理工作中，护士工作琐碎、繁杂、病人多、病情重、工作量大，有些护理人员工作作风不严谨，随意性大，不按照操作规程和行为规范行事，轻则造成病人对护理工作不满意，重则出现差错事故，导致护患纠纷和医疗诉讼。

3. 护士的法律意识淡漠

随着法律知识的普及，患者对护理质量、护理安全提出了更高要求，用法律衡量护理行为和后果的意识不断增强。护理人员一旦侵犯了患者的权利，不管其行为是故意还是过失，都有可能引起护患纠纷，导致护患关系的恶化。医疗服务的高风险性、护患关系的特殊性、护理行为的二重性决定了护士这一职业处在高风险状态中，其一言一行都要经得起法律的考量。而部分护理人员法律意识淡薄，自我保护意识不强，工作随意性大，不严格要求自己。

4. 护士的职业伦理道德

护士责任心不强，工作时精力不集中，擅自离岗，依赖陪护，交接班不认真，不及时巡视病房，未仔细检查所有药品、物品，未做好准备工作等，从而出现错、漏、忘工作等。护理从本质上说就是尊重患者的生命和权利。护士不但要用精湛的技术给患者予照料，而且要使患者得到精神支持和心理安慰。良好的职业道德、伦理道德是获得患者理解信任的必要条件。

5. 护士的健康教育水平

长期以来，护患关系一直停留在单纯的打针、发药，机械地执行医嘱，完成一些常规的技术性工作和基本的生活护理，护患之间缺乏应有的沟通和交流，更谈不上为病人进行健康指导、心理护理。因此，无法建立一种和谐的、良好的、朋友式的护患关系。随着护理观念的不断更新，人们对健康需求的不断增加，使护理工作由原来的功能制护理发展为现在的系统化整体护理。也就是说我们护理人员不仅要关心一个人患的什么病，而且要关心患病的是什么样的人。健康教育是整体护理的重要内容之一，健康教育实施的好坏是影响护患关系的重要环节。

6. 护士的人文素质方面

护理专业的工作服务性内容比较多，在给予患者疾病康复的帮助外，还要给予患者各式各样周到的服务。因此，护士除了有扎实的专业知识外，还应具备渊博的人文知识和良好的人际协调能力、礼仪知识。在实施护理服务时，由于护理人员交际礼仪、交际心理、服饰礼仪、语言技巧、艺术欣赏等知识的欠缺，不能很好与患者沟通，往往是引起护患矛盾的重要因素。医疗和护理是两个不同的学科，有着各自的体系，在临床医疗过程中两者是密不可分的，不协调的医护关系也会引起护患纠纷。

（三）患者方面

1. 患者素质参差不齐

在临床工作中，护士接触来自社会各个阶层的患者，由于他们的社会背景不同、受教育程度不同，导致他们对护理工作要求的不同，对护士健康教育内容接受程度不同，对护嘱的理解执行存在差别，因而，容易产生护患纠纷。

2. 患者对病人角色的不适应

人患病后，在出现身体不适等生理反应的同时，也会产生各种不同的心理反应，如焦虑、恐惧、猜疑心加重、情绪易激动、孤独感、依赖性增强等心理反应，如果得不到护士的理解和及时疏导，良好的护患关系就难以确立。

3. 患者对护理工作的偏见

由于受社会环境、新闻媒体导向等影响，有的病人对医疗服务的目的心有成见，患者由于受社会观念及传统思想的影响，认为护士只能打针、输液、知识水平低，因此，对护士的信任度和依从性远远低于医生，造成患者不配合护士工作，难以建立和谐的护患关系。

4. 患者法律意识的增强

病人和家属的维权意识增强是社会进步的表现，医院应从各方面保护病人的合法权益。但不少病人及家属，不顾医疗服务的特殊性，把自己放在商品消费的位置上，过度维权。

（四）医院管理因素

医院现有服务设施、休养条件、管理体制与病人需求尚有距离，病人不了解医院规章制度，不了解现实条件的制约，而对医务人员产生误会。加上有些病人"重医轻护"，当需求一时得不到满足时，往往把不满情绪转嫁到护士身上。由于医院管理部门对危机管理重要性的认识不足，使得医院大多是在出现了护患纠纷后才进行解决，不能及时妥善地处理患者的投诉，造成患者及家属的不满。

（五）社会因素

医药费过高，病人住院期间欠费，护士催交费。通常病人入院进行有关常规检查或做完手术后，往往已经欠费，需要补交费用，而通知患者交费也是由护士来执行，护士一再催款，病人及家属对护士厌烦，从而引起不满。医疗保险制度改革，医保病人的治疗受病种及药物的限制，自认为是护士乱收费乱记账造成的。在护患纠纷中，媒体的态度多偏向患者，对医院方面的报道有失偏颇，这种舆论导向也使患者对院方产生一定的成见，护士的社会地位不高、待遇低，这些都是影响良好护患关系的因素。

五、建立良好的护患关系的对策

（一）养成良好的职业态度，实行关爱护理

护士应对病人一视同仁，尊重病人的权利与人格，尽量满足病人的合理要求，使病人感到自己受尊重、被接受，从而获得一种自我价值感。

（二）拥有良好的人格特征，增强人格魅力

护士应对病人热心、耐心、真心、细心和有爱心；具有亲和力、观察力、领悟力、影响力；有正确的世界观、人生观、价值观；乐观的人生态度、积极地人文关怀和自尊、自信的自我意识等。这些人格特征能增强护士的人格魅力，使护理对象更乐意与之交往。

（三）提高护患沟通技巧

护士应熟练掌握各种沟通技巧，如倾听、反映、积极关注等，努力提高交流沟通水平。通过与病人的有效沟通，建立起护患双方满意的关系。

（四）提高护理文书书写质量

护理文书的管理必须遵照科学性、实效性、完整性和合法性，与医疗文件同步的原则，禁止漏记、错记、主观臆造、随意更改等。护士责任心要强，不怕麻烦问仔细，以便及早发现诱因并及时处理。入院评估要准确反映病人情况，不要凭空想象，尽可能与医生记录相符。护理问题要确切、全面，依据充分，相关因素恰当，护理措施合理有序，切实可行。重视护理文书的法律认知，提高护理文书的自我保护意识，遵循"该写的要写到，写到的要做到"的原则。护理人员不但要有保证病人安全的意识，同时也要有自我保护意识，病房护理病历实行二级管理制度，及时发现问题，及时解决。

（五）保证合理收费，维护护患双方利益

病人住院除要求得到医疗护理外，最为敏感的就是费用问题，针对这个特点，要求医护人员及时与病人沟通所需费用，提供日费用清单，增加收费透明度。对病人及家属提出的问题，及时提供查询解释，消除因费用误会而引起的纠纷。

六、护患沟通

沟通是形成人际关系的手段之一。护患沟通是护士与病人之间建立成功的护患关系的需要,因此,护患沟通是构建良好的护患关系的实现,是以人的健康为目的需要、是医学人文精神的需要、是减少护患纠纷提高护理质量的需要。下面介绍几种沟通技巧:

(一)语言交谈中的沟通技巧

交谈是护理工作中最主要的语言沟通形式。护理人员在一系列的护理活动中,都需要与病人交谈沟通。首先,要做自我介绍,正确称呼病人。在护理活动中,护理人员称呼病人应因人而异,力求准确恰当,避免直呼其床号、姓名,以免遭病人反感,影响护患沟通。其次,要安排好适宜的交谈环境,保持合适的距离、姿势、仪态及眼神接触,根据病人的需要调整适当的类型及过程,使交谈自然得体,保证沟通效果。再次,在交谈中,要尊重病人的隐私及拒绝回答的权力,避免使用刺探、错误的保证、说教、轻视、批评甚至威胁等阻碍有效交谈的行为和语言,以免引起病人反感。最后,要防止出现突然改变话题、过分表达连珠炮式的提问、答非所问,对病人的行为加以猜测等影响沟通的不当方式。

(二)非语言的沟通技巧

首先,护理人员在临床护理工作中,必须知道如何利用非语言性交流进行沟通,护理人员的仪表、面部表情、眼神、身体姿势等非语言性沟通形式,在沟通中可以起到支持、修饰、替代或否定语言行为的作用。其次,反应时间的快慢可以反映出护患双方沟通的关注程度及认真程度,及时的反应可鼓励沟通的持续进行。再次,触摸是人际沟通中最亲密的动作,舒适的触摸如握手、抚摸头部、肩背部、搓腿等可使病人感受到护理人员的关怀与慰藉。最后,还要掌握沉默与倾听的技巧。沉默会给患者以充分的思考及调节的时间和机会,使患者能充分宣泄自己的感情,并调节沟通的气氛。倾听能减轻病人的心理负担,消除紧张、焦虑等不良情绪反应。

(三)特殊情况下的沟通技巧

1.与愤怒的患者沟通

重点是倾听病人的感受和困难,并做出理解性的正面反应,应用倾听技巧了解病人的感受与愤怒的原因,及时满足病人的需要,减轻病人的愤怒情绪,使病人的身心恢复平衡。

2.与悲哀、抑郁的患者沟通

应用沟通中鼓励发泄、倾听、沉默、触摸等技巧、对病人表示理解、关心和支持,交谈时应注意以亲切、和谐的态度提出一些简单的问题,对其反应多给予一些关注,使其感到关怀与重视。

3.与病情严重的患者沟通

交谈时语言尽量简短、避免一些不必要的交谈，可运用触摸等沟通技巧与之交流，并观察其反应。

4.与感知有障碍的患者沟通

交谈时可通过面部表情、手势、触摸等沟通技巧或应用书面语言、图片与患者沟通，让患者充分感受到护理人员的关心与理解，尽量避免使用病人不能感知的非语言沟通形式。

良好的护患关系是促进病人身心健康的重要条件。首先可以促进病人向健康方向发展，其次也影响护士的行为、态度和护理工作的效果。而护理工作的最终目标是帮助服务对象最大限度地减轻痛苦、恢复健康、预防疾病、促进健康，或帮助临终病人安详地、有尊严地逝去。随着社会的进步和人民文化生活水平的不断提高，医学知识的普及和健康观念的转变，国家法制建设也日趋完善，病人及社会对护理工作的要求与期望值越来越高，因此避免和减少护患纠纷，是每一位护理工作者必须重视和思考的问题。

第二节　患者的权利

《医疗事故技术鉴定暂行办法》于2002年7月19日经卫生部部务会讨论通过，自2002年9月1日起施行。其中关于医疗事故的范围有所扩大，事故鉴定主体由过去卫生行政部门下属的医疗事故鉴定委员会承担，改为由独立于患者、医院和卫生行政部门之外的中华医学会承担，部分病历资料允许患者复印，赔偿标准有了明确的规定，在2002年4月1日起正式实施的《最高人民法院关于民事诉讼证据的若干规定》中还规定，当患者与医院产生医疗纠纷，患者将医院推上被告席时，适用"举证责任倒置"，即被指控的医院如果拿不出确凿证据证明自己的"清白"，法院将判医院败诉并承担相应的责任。了解患者的权利，不仅有利于患者就医，也有利于医疗执业人员防范医疗纠纷、事故的发生。

一、患者权利基本概念

权利包括法律意义上的权利和道德意义上的权利两方面。法律意义上的权利指法律赋予人享有的某种权利，在必要时可请求国家机关，如法院、行政机关等协作实现其权益，伦理道德方面的权利不具有法律上的强制性，但也在一定时期内为社会成员普遍认可并遵循的行为规范。

病人权利是指病人对于医疗服务机构应享有的权利和利益。病人的权利是人的基本权利，它源于对全体社会成员的尊重和爱护。

二、患者权利的基本内容

根据我国有关法律规定，患者具有生命健康权、身体权、隐私权、平等医疗保健权、知情同意权、病人自主决定权等。

（一）生命健康权

《中华人民共和国民法通则》第九十八条规定，公民享有生命健康权。包括生命权和健康权。生命权是指自然人的生命安全不受侵犯的权利。公民的生命非经司法程序，任何人不得随意剥夺。健康权是指人体器官及各系统乃至身心整体的安全运行，以及功能的正常发挥。绝大部分医疗纠纷涉及患者的健康权。

（二）身体权

身体权是自然人对其肢体、器官和其他组织的支配权。身体权与健康权既相互联系，又有严格的区别。

（三）隐私权与保密权

实际是病人人格权的一部分。隐私资料的公开将严重地侵犯患者的名誉权、人格权，给患者的政治生命、工作、家庭生活、爱情等方面造成经济上和精神上的损害。对于患者隐私权的保护，在临床医学上应注意以下几个方面：

（1）除法律法规规定外，未经患者同意，患者的病历资料不得交予其他人或组织阅读。

（2）临床医学报告及研究，未经患者本人同意，不得用真实姓名和真实病历方式对外公开报道，也不得作为文学作品的方式报道。

（3）临床医学摄影资料应充分征求患者同意。不得随意拍摄可暴露患者身份或特征的资料，更不能将可能暴露患者身份或特征的医学摄影资料作为艺术摄影作品对外公开。

（4）临床手术直播或电视播放必须征得患者和其亲属的同意及授权书，并应坚持尽量避免暴露患者身份或隐蔽部位的原则。

（四）平等医疗保健权

我国《宪法》规定，公民患有疾病或损伤时，享有从医疗保健机构获取医疗保健服务的权利。根据我国的具体国情，公民的医疗保健权并非完全是无偿获取医疗保健的权利。

（五）知情同意权

是指病人有权知晓自己的病情，并可以对医务人员所采取的防治医疗措施决定取舍。知情同意的实质是患者方在实施病人自主权的基础上，向医疗方进行医疗服务授权委托的行为。《执业医师法》第26条规定，医师应当如实向患者或者其家属介绍病情，但应注意避免对患者产生不利后果。医师进行实验性临床医疗，应当经医院批准并征得患者本人或者其家属同意。

（六）医疗自主权

是病人权利中一种最基本的权利，是保障其生存与健康的基本条件，是医疗活动中权利制衡、防止医务人员滥用权利的重要因素，也是医学人道主义的重要内容之一。病人的自主权并不是无限制性的自主权，病人的自主权必须服从国家法律法规的特别规定。如有的患者不听医嘱自动出院，就是病人自主决定权的体现，但医师应进行记录并让患者签字。

三、维护患者权利的措施

（一）在诊疗护理过程中，医务人员应严格遵守操作规程，防范差错事故的发生，避免给病人的健康带来损害，减少对病人生命安全的威胁。

（二）在执业活动中，发现病人病情危急，应当立即通知医生；在紧急情况下为抢救垂危病人生命，应当先行必要的紧急救护。

（三）在不影响病情和治疗的情况下，尊重病人的选择，必要时要求病人或家属签字。

（四）关心、爱护、尊重病人，保护病人的隐私。护理人员应对病人的诊断、病情予以保密，不可随意向外宣扬，特别是整容手术、性病、传染病、精神疾患等；在检查操作过程中保护好病人需暴露的部位；

（五）未经病人及其家属同意，不擅自拍摄有病人的镜头。不擅自公布病人的隐私材料至名誉受损。

（六）因护理人员原因导致护理事故发生时，应立即上报，并按规定赔偿。

（七）积极与病人沟通，对病人提出的问题给予真诚、耐心的解答，对合理要求尽量满足，及时改正错误和不足，提高病人对护理工作的满意度。

第三节　护理差错事故与护理纠纷

护理差错、护理事故、护理纠纷是临床护理工作中较为常见的问题，如何预防它们的发生、发生后如何应对和处理，是护理人员必须掌握的知识。本章介绍我国关于护理差错事故、护理纠纷的相关概念及处理程序，为医疗护理人员在工作中提供借鉴及应对策略。

一、护理差错

（一）护理差错定义

护理差错是指诊疗护理工作中，因医务人员在诊疗护理中的过失，给患者的身体健康造成一定的伤害，延长了治疗时间，但尚未造成患者死亡、残废、组织器官损伤导致功能障碍的不良后果。任何护理差错都会影响治疗工作的进行或给患者带来不应有的痛苦和不良后果，因此积极防止护理差错是提高护理质量的重要内容。

（二）护理差错分类

1. 一般护理差错

（1）错抄、漏抄医嘱，而影响病人治疗者。

（2）错服、多服、漏服药（包括未服药到口），按给药时间拖后或提前超过2小时者。

（3）错做或漏做滴眼药、滴鼻药及冷、热敷等临床处置者。

（4）误发或漏发各种治疗饮食，对病情有一定影响者；手术病人应禁食而未禁食，以致拖延手术时间者。

（5）各种检查、手术因漏做皮肤准备或备皮划破多处，而影响手术及检查者。

（6）由于手术器械、敷料等准备不全，以致延误手术时间，但未造成不良后果者。

2. 严重护理差错

（1）漏做药物过敏试验或做过敏试验后，未及时观察结果，又重做者，未作青霉素皮试而注射青霉素但未发生严重后果者。

（2）因护理不当，未尽到责任，发生Ⅱ度压疮或Ⅱ度烫伤，经短期治疗痊愈，未造成不良后果者。

（3）抢救时执行医嘱不及时，以致影响治疗而未造成不良后果者。

（4）因责任心不强，损坏血液、脑脊液、胸水、腹水等重要标本或未按要求留取、及时送验，以致影响检查结果者。手术标本丢失或未及时送验，增加病人痛苦，影响诊断者，但未造成严重后果者。

（5）因查对不仔细，误将带有杂质的药物注入静脉，未发生严重后果者。

（6）手术室不按规定清点手术器械、纱布等物品，将纱布、器械、棉片等遗留在创口或被检查器官中，经及时治疗和纠正后无严重后果者。

（7）分娩时婴儿牌挂错或出院时婴儿调错，但被纠正，或产下畸形婴儿在24小时内未发现者。

（8）护理昏迷、躁动病人或小儿，因管理不严，或不符合正常约束要求所致的坠床，造成软组织挫伤，经治疗而无功能障碍者。

（三）防范护理差错事故的发生

1. 坚持以病人为中心的整体护理理念

对患者的姓名、年龄、性别、诊断、用药、护理措施等做到心中有数。

2. 严格查对制度，规范操作程序

严格执行三查八对，对每日工作进行排序，减少疏漏，可将每日工作以口诀执行，如搬床时要执行"七单，三个一，两个牌"，七单是指长期、临时各两联单，注射单，治疗单，护理记录单；三个一是指一是搬病历，二是搬电脑上的床位，三是搬黑板提示；两个牌是指诊断牌、床头牌。工作中应勤于思考，善于总结，用适合于自己的方法工作，减少护理差错。

3.建立良好护患关系

增进彼此沟通确保措施及时，经常征求患者意见，及时为患者诊治，提升护理品质，优化护患关系。

4.加强业务培训提高业务水平

对新护士进行岗前培训，技术考核，工龄在 5 年内的护士实行规范化培训，同时要求一年内的护士跟高年资护士进行每一项操作，减少失误，定期进行法律知识学习，明白自己和患者的责权利。

护理差错事故的管理对病人安全至关重要。如何减少或控制护理差错事故是护理管理的重要内容和重要目标，也是护理管理者和研究者应该积极探讨和解决的问题。对差错事故如何进行管理，取决于人们对差错原因的认识方法。护理工作是整个医疗工作的重要组成部分，护理工作范围广、工作环节多，操作具体，可能发生差错事故的机会较多，抓紧护理差错事故的预防工作，可以防微杜渐，对预防事故的发生有重要作用。

二、护理纠纷

护理纠纷属于医疗纠纷的一种。护理纠纷是护理工作中经常发生的问题。护理人员应采取措施预防，并正确应对。

（一）护理纠纷的定义

护理纠纷是指在临床诊疗过程中，因护理问题引起的医患双方的争议。护理纠纷并非只能由医方引起，也可由患方引起。狭义地说，护理纠纷是指发生在护患之间的，因患方对医方的护理服务不满，与医方发生的争议。

甚至对病人造成不良后果，要求赔偿或追究护理人员责任的事件。

（二）护理纠纷的特点

（1）纠纷涉及面广；

（2）情绪因素多；

（3）技术性纠纷少，服务性纠纷多；

（4）纠纷可防范性大。

（三）护理纠纷的原因

1.护理人员的原因

（1）护理人员非语言行为原因：仪表、表情、性格；

（2）护理人员语言行为因素；

（3）护理人员技术水平和经验；

(4)不严格执行护理规范及常规；

(5)缺乏责任感；

(6)法律知识欠缺；

(7)执行医嘱有误。

2．非护理人员原因

(1)医疗费用问题；

(2)差错事故管理制度不健全；

(3)人员配备不足；

(4)病人方面原因。

（四）医疗护理纠纷的解决途径

护理纠纷可通过不同的途径解决，主要途径有以下几种。

1．协商

即和解。医患双方就赔偿问题进行协商，达成一致意见，双方签订协议书，可以办理公证或律师见证，并报卫生行政主管部门备案。

2．行政裁决

是指申请卫生行政部门处理。当事人应当提出书面申请，并在知道或应当知道身体健康受到损害之日起1年内提出。

3．仲裁

由于仲裁员选任的特殊性，即可以有法律专家又可以有医疗专家共同组成仲裁庭处理纠纷，两个专业的结合使纠纷解决更具效率。目前我国鲜见医疗纠纷仲裁的案例。

4．诉讼

医疗纠纷可以不向卫生行政部门申请处理，直接向人民法院提起诉讼，以侵权为案由的，诉讼时效为1年，以违约为案由的，诉讼时效为2年，均自知道或应当知道自己的权益受到侵害之日计算。

三、医疗护理事故

（一）定义

《医疗事故处理条例》对医疗事故进行了定义，医疗事故是指医疗机构及其医务人员在医疗活动中，违反医疗卫生管理法律、行政法规、部门规章和诊疗规范常规，过失造成病人人身损害的事故。可见，此处所规定的医疗事故已包含了护理事故。由此可推论，因护理原因导致的事故就是护理事故。

（二）医疗护理事故的必备条件

1．主体是法定的医疗机构及其医务人员

导致医疗事故的主体应该是所在的医疗机构及其医务人员。医疗机构必须是已经取得《医疗机构执业许可证》的正式机构。所指的医务人员是依法取得执业资格的医疗卫生专业人员，包括医生、护士、药剂师等。因此，护理事故是护士在法定的医疗机构履行职责时发生的事故。如果没有取得执业资格的人从事护理活动导致了事故，则构成非法行护的情况；如果护士在医疗机构以外的场所给他人实施护理而造成后果，则不能称为护理事故。

2. 行为具有违法性

医疗事故的发生必须具有违法行为的存在。违法行为一方面可表现为积极地实施违法行为的作为，另一方面表现为消极的不作为，即不按规章制度、诊疗常规要求去履行其必须做的行为。如果护理人员在其活动中是完全按照各项法律法规办事的，就等于没过失。

3. 过失造成病人人身损害事实客观存在

指护理人员实施的违法行为客观上造成了病人人身损害的结果。

4. 过失行为和人身损害结果之间有因果关系

这是判定是否属于医疗事故的一个重要方面。虽然医务人员有过失行为，但并没有给病人造成人身损害后果，这种情况就不属于医疗事故。虽然存在病人人身损害等后果，但医疗机构和医务人员并不存在过失行为的话，也不构成医疗护理事故。

当然，一个事件是否属于医疗护理事故，往往不是那么容易判定的，有时候需要进行医疗事故鉴定。

（三）医疗护理事故的分级

1. 一级医疗事故

一级医疗事故系指造成病人死亡、重度残疾。分为甲等和乙等。

（1）一级甲等医疗事故　死亡。

（2）一级乙等医疗事故　重要器官丢失或者功能完全丧失，其他器官不能代偿，存在特殊医疗依赖，生活完全不能自理。

2. 二级医疗事故

二级医疗事故系指造成病人中度残疾、器官组织损伤导致严重功能障碍。它又分为：

（1）二级甲等医疗事故　器官缺失或功能完全丧失，其他器官不能代偿，可能存在特殊医疗依赖，或生活大部分不能自理。

（2）二级乙等医疗事故　存在器官缺失、严重缺损、严重畸形情形之一，有严重功能障碍，可能存在特殊医疗依赖，或生活大部分不能自理。

（3）二级丙等医疗事故　存在器官缺失、严重缺损、明显畸形情形之一，有严重功能障碍，可能存在特殊医疗依赖，或生活部分不能自理。

（4）二级丁等医疗事故　存在器官缺失、大部分缺损、畸形情形之一，有严重功能障碍，可能存在一般医疗依赖，生活能自理。

3.三级医疗事故

三级医疗事故系指造成病人轻度残疾、器官组织损伤导致一般功能障碍。它分为：

（1）三级甲等医疗事故　存在器官缺失、大部分缺损、畸形情形之一，有较重功能障碍，可能存在一般医疗依赖，生活能自理。

（2）三级乙等医疗事故　器官大部分缺损或畸形，有中度功能障碍，可能存在一般医疗依赖，生活能自理。

（3）三级丙等医疗事故　器官大部分缺损或畸形，有轻度医疗障碍，可能存在一般医疗依赖，生活能自理。

（4）三级丁等医疗事故　器官部分缺损或畸形，有轻度功能障碍，无医疗依赖，生活能自理。

（5）三级戊等医疗事故　器官部分缺损或畸形，有轻微功能障碍，无医疗依赖，生活能自理。

4.四级医疗事故

四级医疗事故系指造成病人明显人身损伤的其他后果的医疗事故。

（四）护理事故的法律责任

医疗护理活动中，患者和医疗机构之间实际上形成了一种医疗护理服务合同关系。因此，在因医疗护理事故发生追究医疗机构民事法律责任时，还可以追究医疗机构的违约责任。《护士条例》中明确规定，护士在执业活动中造成医疗事故的，依照医疗事故处理的有关规定承担法律责任。

一般来讲，护理事故的法律责任包括民事、行政和刑事责任。

1.护理事故的民事责任

（1）民事责任的定义

民事责任是根据民法规定，民事主体侵犯他人的民事权利或违反自己所负有的民事义务时所应承担的法律后果。构成护理事故的大多数案例属于民事案件。构成护理事故时，护士应对患者承担民事法律后果。

（2）民事责任的形式

民事责任包括违约责任和侵权责任。根据《中华人民共和国民法通则》第一百三十四条规定，民事责任有以下十种：

①停止侵害；

②排除妨碍；

③消除危险；

④返还财产；

⑤恢复原状；

⑥修理更换、重作；

⑦赔偿损失；

⑧支付违约金；

⑨消除影响、恢复名誉；

⑩赔礼道歉。

医疗事故中的民事责任以赔偿损失为主。

（3）医疗护理事故赔偿项目与计算方法

按《医疗事故处理条例》第四十九条规定，医疗护理事故赔偿，应当考虑下列因素，确定具体赔偿数额：①医疗护理事故等级；②医疗护理过失行为在医疗护理事故损害后果中的责任程度；③医疗护理事故损害后果与病人原有疾病之间的关系。不属于医疗护理事故的，医疗机构不承担赔偿责任。

按《医疗事故处理条例》第五十条规定，医疗护理事故赔偿，按照下列项目和标准计算。

①医疗费　按照医疗事故对患者造成的人身损害进行治疗所发生的医疗费用计算，凭据支付，但不包括原发病医疗费用。结案后确实需要继续治疗的，按照基本医疗费用计算。

②误工费　患者有固定收入的，按照本人因误工减少的固定工资计算，对收入高于医疗事故发生地上一年度职工年平均工资3倍以上的，按照3倍计算；无固定收入的，按照医疗事故发生地上一年度职工年平均工资计算。

③住院伙食补助费　按照医疗事故发生地国家机关一般工作人员的出差伙食补助标准计算。

④陪护费　病人住院期间需要专人陪护的，按照医疗事故发生地上一年度职工年平均工资计算。

⑤残疾生活补助费　根据伤残等级，按照医疗事故发生地居民年平均生活费计算，自定残之日起最长赔偿30年；但是，60周岁以上的，不超过15年；70周岁以上的，不超过5年。

⑥残疾用具费　因残疾需要配置补偿工具的，凭医疗机构证明，按照普及型器具的费用计算。

⑦丧葬费　按照医疗事故发生地规定的丧葬费补助补助计算。

⑧被抚养人生活费　以死者生前或者残疾者丧失劳动能力前实际抚养且没有劳动能力的人为限，按照其户籍所在地或者居所地居民最低生活保障标准计算。对不满16周岁的人，抚养到16周岁；对年满16周岁但无劳动能力的，抚养到20周岁；但是，60周岁以上的，不超过15年；70周岁以上的，不超过5年。

⑨交通费　按照病人实际必需的交通费用计算，凭据支付。

⑩住宿费　按照医疗事故发生地国家机关一般工作人员的出差住宿补助标准

计算，凭票支付。

⑪精神损害抚慰金　按照医疗事故发生地居民年平均生活费计算。造成病人死亡的，赔偿年限最长不超过 6 年；造成病人残疾的，赔偿年限最长不超过 3 年。

2.护理事故的行政责任

（1）行政责任的定义

护理事故的行政责任是指在发生护理事故或处理护理事故过程中，相关机构或人员违反卫生法律法规或护理技术操作规范，所应承担的行政法律后果。它包括医疗机构及其医务人员的行政责任以及在处理护理事故过程中，可能出现的卫生行政部门及其工作人员、参加护理事故鉴定工作的人员、病人及其亲友等人的行政责任。

（2）行政责任的形式

《护士条例》第三十一条规定，护士在执业活动中有以下情形之一的，由县级以上地方人民政府卫生主管部门依据职责分工责令改正，给予警告；情节严重的，暂停其 6 个月以上 1 年以下执业活动，直至有原发证部门吊销其护士执业证书。

我国实行的是社会主义法制，对护理事故的处理一般采取批评教育从严、处罚处理从宽的原则，大多采用行政手段进行调解。如果调解失败，转由司法机构依法处置。

（3）护理事故的免责事由

《医疗事故处理条例》第三十三条规定，在诊疗护理过程中，有下列情形之一的，不属于医疗事故：

①在紧急情况下为抢救垂危患者生命而采取紧急医学措施造成不良后果的；

②在医疗活动中由于患者病情异常或者患者体质特殊而发生医疗意外的；

③在现有医学科学技术条件下，发生无法预料或者不能防范的不良后果的；

④无过错输血感染造成不良后果的；

⑤因患方原因延误诊疗导致不良后果的；

⑥因不可抗力造成不良后果的。

3.护理事故的刑事责任

（1）刑事责任的定义

刑事责任是指行为人对违反刑事法律义务的行为所引起的刑事法律后果的一种应有的、体现国家对行为人否定的道德政治评价的承担。

（2）刑事责任的形式

《中华人民共和国刑法》第三十三、三十四条提出，刑罚分为主刑和附加刑。主刑的种类包括管制、拘役、有期徒刑、无期徒刑和死刑。附加刑包括罚金、剥夺政治权利终身和没收财产。附加刑也可以独立使用。

（3）护理刑事责任的相关规定

护理事故的刑事责任是指护患双方或者相关人员在处理医疗护理事故争议中，违反刑事法律、法规、构成犯罪，所应承担的法律责任。护理事故主要犯罪一般包括护理事故罪、伪证罪和受贿罪等。

《护士条例》第二十七条规定，卫生主管部门的工作人员未依照本条例规定履行职责，在护士监督管理工作中滥用职权、徇私舞弊，或者有其他失职、渎职行为的，依法给予处分；构成犯罪的，依法追究刑事责任。

《中华人民共和国刑法》第三百三十五条规定，医务人员由于严重不负责任，造成就诊人死亡或者严重损害就诊人身体健康的，处三年以下有期徒刑或者拘役。这里的医务人员是指获得《医疗机构执业许可证》的诊疗人员及护理人员。

以上虽然谈到各种护理法律责任，但最重要的是护理人员应该防范各种差错事故的发生，既保证避免对患者造成伤害，也维护了自身的权利。

☞ 【案例一】

患者李某，54岁"胃癌术后"入院。责任护士王丽将患者送回病房，做好健康宣教。一小时后，患者慌慌张张的跑到护士站："护士，我刚刚出去提开水，一会儿功夫，我放在床头柜上的钱包就不见了，怎么办？"王丽很严厉地说："你怎么搞得，这么不小心，钱包都看不住，自认倒霉呗，我也没办法。"患者很不高兴地说："那你也应该提醒一下我吧？"

问题：

1. 在这起案例中，你怎么看待王丽的行为？

2. 这起案例给你一些什么启示？你怎么在日常工作中做好护患沟通？

☞ 【案例二】

某医院妇产科为一位50岁的女性患者因子宫肌瘤行子宫全切手术。术中医生发现患者左侧卵巢有问题，在未向家属和病人交代的情况下，将左侧卵巢与子宫一并切除。术后患者恢复顺利。数月后，患者在另一所医院行常规B超检查时，发现"右侧卵巢囊肿，左侧卵巢缺如"，向原手术医院提出质疑。

问题：

1. 在这起案例中，医生的行为合法吗？

2. 如果医生的行为不合法，那么侵犯了患者的哪些权利？

思考与练习

1. 患者享哪些权利?

2. 联系实际工作,怎样做好护患沟通?

3. 护理差错怎么分类? 怎样防范护理差错事故的发生?

4. 医疗护理事故的定义、必备条件及分级? 不属于医疗护理事故的几种情形?

（王海荣）

第四章 护理文书与执行医嘱

学习目标

1. 了解护理文书书写、电子病例的重要意义。
2. 熟悉护理文书书写法要求、保管要求及排列顺序。
3. 掌握电子病历的基本要求及管理，医嘱处理的流程。

名言导入

你应该小心一切假知识，它比无知更危险。

——萧伯纳

第一节 护理文书

一、护理文书概述

护理文书是临床护理工作的重要组成部分之一，无论在临床医疗、护理、科研、教学、护理行政管理上均具有特殊价值。护理文件书写与护士的法律、法规意识有着千丝万缕的联系，尤其在医疗纠纷、护理纠纷或医疗诉讼中常成为敏感而关键的证据，起到举足轻重的作用。规范的护理记录还能真实地反映医院的护理管理水平、护理质量和护理人员的工作态度、责任心和综合素质。

（一）护理文书的概念

护理文书是用于记录各项护理活动及护理人员对病人病情观察情况的客观记录，是病历资料的组成部分。书写内容应当与其他病历资料有机结合，相互统一，避免重复和矛盾。书写护理文书应当客观、真实、准确、及时、完整规范。护理文书均可以采用表格式。

2010 年 1 月 22 日卫生部颁布了《病历书写基本规范》，根据《卫生部关于加强医院临床护理工作的通知》和《电子病历系统功能规范（试行）》文件的意见，进一步明确了临床护理文书的法律地位。在发生医患纠纷时，医护人员在医疗护理活动过程中所形成的病历资料是医患双方举证的资料。

（二）护理文书的意义

随着医院卫生管理法律，法规和规章的逐步健全，护理文书被列入具有法律效应的客观病历之中。因此，加强护理文书的管理具有重要意义。

（1）护理文书是患者诊断、抢救、治疗、康复的重要依据。患者从入院开始，医护人员就为患者测量体温、脉搏、呼吸、血压等生命体征，观察病情，了解患者状况，并及时、准确地记录在护理文书上。特别是危重症患者及围手术期患者，更是需要严密观察，必要时几分钟就要测量生命体征，记录病情观察结果。

（2）护理文书中的医嘱单、护理记录单等记录着医护人员在执行医嘱，完成各项抢救、治疗、护理措施的详细情况，是临床第一手观察资料，为医师诊断、抢救、治疗患者提供重要的决策依据，对顺利完成抢救、手术、治疗及患者早日康复具有重要的意义。

（3）护理文书是医疗文书的重要组成部分。护理文书是护理临床实践的原始记录文件，是具有价值的科学资料。其主要内容包括：交班报告、危重患者护理记录单、一般患者护理记录单、医嘱本、体温单、医嘱单、整体护理病历等，是医院分级管理护理文书书写合格率要求达标的表格。

（4）护理文书是由各班护理人员共同努力完成的，目的明确，操作性、实用性强。如交班报告是护士值班的重要工作记录，通过交班报告可了解全病区每天重点病人的病情变化及治疗、护理效果等情况；病区医疗及护理工作的动态，使医疗及护理工作准确无误地连续顺利运行。

（5）护理文书不仅是医院病历的重要组成部分，也是医院医疗、护理、教学、科研、预防、保健及管理工作的重要档案资料。

二、护理文书的基本要求

护理文书是用于记录各项护理活动及护理人员对病人病情观察情况的客观记录，具有客观性、真实性，不能推测。护理文书书写应当文字工整，字迹清晰，表述准确，语句通顺，标点正确。

（1）文字要求：应当使用中文，通用外文缩写和无正式中文译名的症状、体征、疾病名称等可以使用外文。病历书写应规范使用医学术语，文字工整，字迹清晰，表达准确，语句通顺，标点正确。

（2）书写用笔要求：应当使用蓝黑墨水、碳素墨水，需复写的病历资料可使用蓝色或黑色油水的圆珠笔。计算机打印的病例应符合病例保存要求。

（3）修改要求：书写过程中出现错字时，应当用双横线划在错字上，不得采用刮、粘、涂等方法掩盖或除去原来的字迹。上级医务人员有审阅修改下级医务人员书写的护理文书的责任。修改时，应当注明修改日期，修改人员签名，并保持原记录清晰，可辨。

（4）书写权限：护理文书应当由具有法定资格的护理人员按规范书写并签名，学生书写的文书应当由老师审阅，修改并签名。进修护士进入临床后，应在

2周内书写一份完整的护理病历，合格后，方有独立书写护理病历的资格。

三、护理文书的种类

护理文书包括体温单、医嘱单（长期医嘱单和临时医嘱单）、手术清点记录单、病重（病危）患者护理记录单。

（一）体温单

体温单主要用于记录患者的生命体征及有关情况，内容包括患者姓名、年龄、性别、科别、床号、入院日期、住院病历号（或病案号）、日期、住院天数、手术后天数、脉搏、体温、呼吸、血压、出入量、大便次数、体重、身高、页码等。

（二）长期医嘱单

长期医嘱单内容包括患者姓名、科别、床号、住院病历号（或病案号）、开始日期和时间、长期医嘱内容、停止日期和时间、医师签名、护士签名、页码。其中，由医师填写开始日期和时间、长期医嘱内容、停止日期和时间。护士每天执行长期医嘱的给药单、输液单、治疗单等，由执行护士签名，不归入病历。

（三）临时医嘱单

临时医嘱单内容包括患者姓名、科别、床号、住院病历号（或病案号）、日期和时间、临时医嘱内容、医师签名、执行护士签名、执行时间、页码。其中，由医师填写医嘱时间、临时医嘱内容；由执行临时医嘱的护士填写执行时间并签名。

（四）手术清点记录

手术清点记录内容包括患者科别、姓名、性别、年龄、住院病历号（或病案号）、手术日期、手术名称、输血情况、术中所用各种器械和辅料数量的清点核对、手术器械护士和巡回护士签名等。手术清点记录应当在手术结束后即时完成，由手术器械护士和巡回护士签名。

（五）病重（病危）患者护理记录

病重（病危）患者护理记录是指护士根据医嘱和病情对病重（病危）患者住院期间护理过程的客观记录。适用于所有病重、病危患者，以及病情发生变化、需要监护的患者。护理记录以护理记录单的形式记录，内容包括患者科别、姓名、年龄、性别、床号、住院病历号（或病案号）、入院日期、诊断、记录日期和时间，根据专科特点需要观察、监测的项目以及采取的治疗和护理措施、护士签名、页码等。护理记录应当根据相应专科的护理特点设计并书写，以简化、实用为原则。记录时间应当具体到分钟。

四、护理文件书写中的潜在的法律问题

在实际工作中，护理人员法律意识、自我保护意识欠缺，护理记录不及时、不完整的现象普遍存在。在法制建设加快，患者、家属维权意识提高的今天，对

护理工作提出了更高的要求，如何在护理工作中依法实护，正确履行责任和义务，维护双方中各方权利，成为护理管理者必须面对的现实问题。

（一）体温单

1. 体温单绘制与病人实际情况应相符，如病人外出、手术等体温未测时，体温不绘，前后不连线。

2. 体温单与护理记录单应相符。如生命体征、出入量等。

3. 体温不升应填写正确。

4. 原始资料应真实。

（二）医嘱单

1. 处理及执行医嘱时，做与写应同步。

2. 护士执行医嘱后应签全名。

3. 取消医嘱时再次用红笔签全名，护士应签在护士签名栏内。

4. 执行医嘱时间应具体。什么时间执行，签什么时间。医生开医嘱时间不对时，应指出。临时医嘱执行一组，签一组，谁执行谁签名。

（三）护理记录单

1. 记录书写应及时、准确。

2. 护理记录书写应完整、详细。

3. 记录书写应客观、真实，不能主观判断和虚构。

4. 记录重点应突出和具有连续性，特殊用药、治疗后，应有效果观察。

5. 护理记录书写应规范，记录应有针对性，运用医学术语。药名、治疗名等均应写全名。

6. 护理记录应与医疗记录一致。

五、护理文件书写存在问题及现状分析

（一）医护记录不相符

医嘱开具医嘱时间与护士执行时间不符，医疗记录与护理记录不一致，医护人员记录不一致，使患者及家属对病情记录的真实性表示怀疑，易引起医疗纠纷。如：病人死亡时间和抢救时间，医嘱开具医嘱时间与护士执行时间不相符，医生开错时间，护士又忽视核对时间，造成不一致。因此，护士需要多与医生沟通交换意见，保持护理病历和医疗病历一致，减小医疗纠纷发生。

医、护双方在收集患者资料过程中由信息来源产生的误差。资料收集要求客观、真实、准确、及时、完整，资料收集不准确主要原因为资料收集者未真实准确记录患者反映的情况，或掺杂自己的主观见解和评估。

（二）护理记录违背"客观、真实、准确、及时、完整"

1. 客观：事实存在的。

　　患者病情的发生、发展、诊疗过程中的护理操作,对健康问题的反应,实施的护理措施、护理效果等。要记录病人现在怎么样,记录时间和数字等。告知病人什么,效果怎样,指导病人什么,如患者拒绝治疗,在护理记录单上写拒绝治疗,后果自负,家属签字,只要做了就写出来,特别是危重病人,更改医嘱时,更要及时记录。昏迷病人护理记录除了要写观察到的病情、生命体征结果,还要写口腔护理时间,翻身时间,尿管护理时间,鼻饲时间、量。

　　欠客观:表现在主观记录。有些护士习惯记录"病情稳定"、"睡眠良好",不能说睡眠好,睡眠质量的好坏主观的话不要写,应写间断入睡几小时。清洁灌肠几次不要写,应写给予清洁灌肠液 600-800 mL,排几次便,颜色,排出液清、无渣、量多少。

　　2.真实:对客观存在的事物、规律正确认识。记录可信、可靠、可用。如:患者血压高,住院时血压下降,有好转,但病人要出院,应记病人血压仍高于正常值,要求出院,嘱病人向病人告知出院后仍要继续按医嘱服药,避免情绪激动,如有不适及时来院就诊。如:9:00 吸痰一次。8:30 晨间护理已做,做的什么,都要记录。

　　欠真实:涂改、重抄、刮、粘、虚填生命体征值。

　　3.及时:发现病情变化、特殊检查、特殊治疗、特殊用药、手术前后要及时记录。抢救病人 6 小时内据实记录,特别是危重病人更改医嘱时要及时记录,危重病人要有完整的护理记录文件,尤其是血透病人,要有严密记录,这个病人几点去血透室,用什么液透,几点回病房,如有抢救几点病情变化,抢救用药,医嘱等。

　　欠及时:患者病情变化没有及时记录,待病情进一步恶化时再进行回忆性描述记录,由此导致记录与实际不相符,或者当发生护理纠纷封存病历时由于没有及时记录,对患者的治疗与护理措施失去有效法律的依据。

　　4.准确:记录内容能够符合患者治疗护理的实际过程。

　　欠准确:主要表现在出入量、病情记录、输液滴速等记录。例:数字、单位、时间应准确填写。任何操作中一定要写遵医嘱,在记录当中严禁写安返病室、手术顺利,应平车进手术室,平车返回病室、管道、敷料、各项生命值,护理记录中要体现入院方式,吸氧应写遵医嘱氧流量 2~3 升/分,经单鼻孔或双鼻孔吸入。

　　5.完整:从入院到出院的全过程,且有举证作用的护理行为均需完整记录,在记录患者的资料中,应记录主观的(患者主诉),客观的(护士观察)的资料及出现异常症状结果。

　　欠完整:护理记录内容不完整、不连贯、重点不突出,不能体现护理动态过程。一份护理记录有数个护士共同完成缺乏连续性和完整的状况经常发生。要完整记录患者说的话,如:患者拒绝治疗,拒绝扎点滴,他说的话要原本记录,如:患者说我不想打点滴了,让其在护理记录单上签字。如:病人不测体温,应在护理记录单上写病人拒测,故没测。

(三)护士综合素质、能力欠缺:资料收集不准确

1.沟通能力差:主要体现在告知、宣教、出院指导等方面。有些很重要的告知要跟病人说并签字,关键的用药,关键的操作,关键的注意事项,一定要告知。如:脑出血要告知病人卧床休息,不能起床,饮食要进低脂、低盐、易消化含纤维高的食物,避免便秘、切莫用力排便。心梗病人要告知卧床休息几周,如输硝酸甘油、尼莫地平静脉输入,要告知注意事项,还要记录,几点几时 5 ~ 10 滴/分,并向病人及家属告知,千万不要乱调,否则后果自负。妇科缩宫素一定要告知滴数,否则可引起子宫收缩强直;甘露醇则需快速输入,否则起不到药理作用。入院宣教记录,已告知患者住院期间不能擅自离院,如果离院,护士应在护理记录上要写几时几分患者私自离院,已通知值班医生或主治医生。

2.专业理论基础不扎实:医学术语使用不准确。

3.书写表达能力差:错字、别字、字迹不清、记录过于简单化。

六、护理管理者面临挑战

(一)法律法规中关于举证责任倒置和举证责任

2001 年 12 月最高人民法院颁布《关于民事诉讼证据若干规定》:"因医疗行为引起的侵权诉讼,由医疗机构就医疗行为与损害结果之间不存在因果关系及不存在医疗过程过错承担举证责任"。这一规定出台,不但给护理人员执业带来了较大的压力,也给护理管理者带来了挑战。

当今的社会,对医疗医疗市场特别不满意的情况下,怎么样用举证倒置,怎么样保护好自己,那就要做好护理文件书写,在你的笔下怎么样把病人的病情,你所做的都表现在记录单上,你没有错,但患者说你有错,你怎么样去举证倒置,法律规定要保护好弱势群体,所以我们要做好记录。现在流行一句话患者学医,医生学法。

(二)患者的法律意识、维权意识不断提高

医疗活动行为为特殊消费形成,患者对就医活动中的"各种权利"特别重视。他们对自己的病情、检查、用药、治疗要求知晓,就连最简单的费用都要了解得一清二楚。如患者一日清单经常有患者询问其他费用(陪床费)、自费用(一级护理费)等。

(三)护理人员的法制观念淡漠,自我保护意识缺乏

在护理工作中,护理人员有时考虑解决影响患者健康问题而忽视了潜在的法律问题,对此可能引发护理纠纷的问题。例:代签字(工作只注重做,不注重写),潜在的健康问题,涂改等。说明责任意识差,法制观念淡漠,对法律后果缺乏充分认识,自我保护意识差。

七、增强护士抗风险能力

（一）做学法、懂法的护理人员

增强法律意识、自我保护意识、患者维权意识，重视护理文件书写。学习《医疗事故处理条例》、《病历书写基本规范》、《民法通则》、《消费者权益保护法》等法律法规。通过晨会、交班会、小讲课、业务学习等形式，阅读报纸、杂志上已发生的护理纠纷案例，吸取教训、防患未然。

（二）创建护理服务的证据系统

制定统一的、细化的、和一些关键性护理操作告知、签字规定，严格要求护理人员在护理活动中必须做好护理记录、证据收集、管理工作。

（三）规范护理文件书写标准

继续护理学教育，定期为护理人员举办专题讨论、护理病历书写讲座、疑难病例护理讨论会等，各科室要加强专科护理知识的培训，鼓励护理人员继续深造，接受高等教育，学习多学科知识。

（四）提高护士的综和素质和能力

不断提高基础理论知识、专科知识、技能，增加人文知识，除此之外还需要加强观察能力、沟通能力、表达能力、书写能力等。

总之，护理文件书写与法律意识培养是一个不断完善的过程，只有不断提高法律意识、服务技能，依法执业，才能适应社会发展的要求，保护患者和自己，减少护患纠纷的发生。

第二节　电子病例

一、电子病例概述

电子病历是现代高科技的产物，它的发展与应用在医学领域占有举足轻重的地位。实现电子病历不仅带给我们先进的医疗模式与管理理念，同时也将对医疗质量的提高、医疗行为的规范起到有力的促进作用。当前，医院信息系统（HIS）正向着以病人信息为中心，高度集成化和多媒体化的方向发展。电子病历作为其中的一个重要组成部分，正在受到越来越多的关注。部分医院已经或正在开始抛弃传统的手工书写病历而代之以全新的电子病历。纵观部分医院的应用实践，可以说，电子病历的应用对临床医疗工作带来了积极的变化，对医院的许多方面都产生了显著的影响，为医院今后的发展开拓了新的空间。同时，我们也应承认，电子病历在我国尚属起步阶段，还有许多实际问题需要引起重视并加以解决。

为规范医疗机构电子病历管理，保证医患双方合法权益，根据《中华人民共和国执业医师法》、《医疗机构管理条例》、《医疗事故处理条例》、《护士条例》等法律、法规，制定《电子病历基本规范》。本规范自 2010 年 4 月 1 日起施行。

（一）电子病历的概念

电子病历是指医务人员在医疗活动过程中，使用医疗机构信息系统生成的文字、符号、图表、图形、数据、影像等数字化信息，并能实现存储、管理、传输和重现的医疗记录，是病历的一种记录形式。

使用文字处理软件编辑、打印的病历文档，不属于本规范所称的电子病历。

（二）电子病历的目的及意义

电子病历实质上是整个医院以病人为中心的计算机信息化，其意义绝不仅限于病历本身的管理，电子病历可以有效避免临床医师在病历书写时的缺项、漏项及书写病历时的随意性，使书写出来的病历达到格式上的规范化、记录上的完整性，有效保证了病案的质量；电子病历还可使医生从繁重的医疗文书书写中解放出来，它为医生提供了现代化作业工具，创造了密切联系的医疗环境，较好地实现了医院信息共有化、临床作业效率化、把主要精力放在临床的诊治上，加速病人信息流通，消除不同医院的界限，使医院真正做到以人为中心，从而起到提高工作效率和提高医疗质量，更好地服务于临床、教学、科研、社会、远程教育及远程医疗，疑难危重病的会诊，也无需像过去那样繁琐费时，经与电子病历相连的网络（院内局域网、Internet），院内外，甚至相距甚远的异地会诊都能迅速方便地得到解决。而且从更深层次上讲，电子病历是保证医院信息系统长期稳定发展的基础，是医院信息化发展的必然趋势。

（三）电子病历的功能

电子病历是建立在对病人的病历信息进行处理的基础上。包括：

（1）病人的姓名、性别等自然信息。

（2）病人的入院、出院、转科、转院等流动情况。

（3）病人在医院所接受的各种检查记录，如化验的结果、影像检查的图像和报告等。

（4）医生为病人所做的各项诊疗记录，如用药、手术、治疗操作等。

（5）对病人的护理记录。

（四）电子病历的特点

1. 传送速度快

医生通过计算机网络可以远程存取病人病历，在几分钟甚至几秒钟内就能把数据传往需要的地方。在急诊时，电子病历中的资料可以及时地查出并显示在医师的面前。

2. 共享性好

现在使用的常规病历有很大的封闭性。医院诊治病人的记录只保存在本医院,如果病人到其他医院就诊则需要重新进行检查,这不仅浪费了宝贵的医疗资源,也使病人增加了不少不必要的痛苦和费用。而采用电子病历后,则能够克服这些不足。病人在各个医院的诊治结果可以通过医疗机构之间的计算机网络或病人随身携带 IC 卡来传输。病历的共享将给医疗带来极大的方便。

3.院领导可以从网上了解科室病人信息

包括病历资料、辅助检查、护理记录,甚至住院费用、危重病人及手术信息等,便于院领导根据全院情况作出整体调整,提高了院领导的科学决策能力。另外,科主任可以通过网络查询功能,对全科病人的有关诊治信息全面掌握,及时给予科学指导。更重要的是简化了工作程序,提高了工作效率。

4.存贮容量大

由于计算机存贮技术尤其是光盘技术的进步,电子病历系统数据库的存贮容量可以是相当巨大的。

5.使用方便

医生使用电子病历系统可以方便地存贮、检索和浏览病历,复制也很方便,可以方便、迅速、准确地开展各种科学研究和统计分析工作,大大减少人工收集和录入数据的工作量,极大地提高临床科研水平。

6.计算机打印出来的医疗页面整洁美观,格式标准统一,杜绝了错别字、潦草及涂改现象,为病案规范归档创造了条件。

7.成本低

电子病历系统一次性投资建成后,使用中可以减低病人费用和医院的开支。

(五)电子病历存在的缺陷

1.同病种病历实施电子病历

通过微机的复制、粘贴功能,减轻了手工书写中同一种内容重复书写的重复劳动,大大提高了工作效率。但是,同时也会出现相同病种病历简单复制,这样就存在着两个病人除了名字、年龄、性别不一样外,其他症状、体征都一样的无意义雷同病历,不仅病历毫无科研价值,不能真实反映患者的病历资料,在病历中也没有表达自己对该疾病的认识及诊疗思想,医生难以通过病历积累来提高业务水平,这显然有违设计电子病历的初衷,而且存在重大医疗纠纷隐患。

2.法律效应问题

实施电子病历后,取消了手工书写,病人所有资料都是打印出来的,这样打印出来的病历是否具有法律效应问题,值得进一步探讨。目前是采用医生修正后打印出来并手工签名后的病历才具有法律效应。

3.病历的电子化水平

目前,我们应用的电子病历其内容还主要局限于文字方面,还不能称之为完全意义上的电子病历。今后应重点研究将全部检验信息、各种设备检查信息、图像资料甚至声音信息进行数字化处理后导入电子病历。通过发展模式识别技术，解决病历的电子签名问题。辅以采用大容量的存储介质，真正实现无纸化病历。

二、电子病历基本要求

电子病历录入应当遵循客观、真实、准确、及时、完整的原则。

（一）电子病历录入应当使用中文和医学术语，要求表述准确，语句通顺，标点正确。通用的外文缩写和无正式中文译名的症状、体征、疾病名称等可以使用外文。记录日期应当使用阿拉伯数字，记录时间应当采用 24 小时制。

（二）电子病历包括门（急）诊电子病历、住院电子病历及其他电子医疗记录。电子病历内容应当按照卫生部《病历书写基本规范》执行，使用卫生部统一制定的项目名称、格式和内容，不得擅自变更。

（三）电子病历系统应当为操作人员提供专有的身份标识和识别手段，并设置有相应权限；操作人员对本人身份标识的使用负责。医务人员采用身份标识登录电子病历系统完成各项记录等操作并予确认后，系统应当显示医务人员电子签名。

（四）电子病历系统应当设置医务人员审查、修改的权限和时限。实习医务人员、试用期医务人员记录的病历，应当经过在本医疗机构合法执业的医务人员审阅、修改并予电子签名确认。医务人员修改时，电子病历系统应当进行身份识别、保存历次修改痕迹、标记准确的修改时间和修改人信息。

（五）电子病历系统应当具有严格的复制管理功能。同一患者的相同信息可以复制，复制内容必须校对，不同患者的信息不得复制。

（六）电子病历系统应当满足国家信息安全等级保护制度与标准。严禁篡改、伪造、隐匿、抢夺、窃取和毁坏电子病历。

三、电子病历的管理

（一）医疗机构应当成立电子病历管理部门并配备专职人员，具体负责本机构门（急）诊电子病历和住院电子病历的收集、保存、调阅、复制等管理工作。

（二）医疗机构电子病历系统应当保证医务人员查阅病历的需要，能够及时提供并完整呈现该患者的电子病历资料。

（三）患者诊疗活动过程中产生的非文字资料（CT、磁共振、超声等医学影像信息，心电图，录音，录像等）应当纳入电子病历系统管理，应确保随时调阅、内容完整。

（四）门诊电子病历中的门（急）诊病历记录以接诊医师录入确认即为归档，归档后不得修改。住院电子病历随患者出院经上级医师于患者出院审核确认后归档，归档后由电子病历管理部门统一管理。

（五）归档后的电子病历采用电子数据方式保存，必要时可打印纸质版本，打印的电子病历纸质版本应当统一规格、字体、格式等。

（六）医疗机构应当建立电子病历信息安全保密制度，设定医务人员和有关医院管理人员调阅、复制、打印电子病历的相应权限，建立电子病历使用日志，记录使用人员、操作时间和内容。未经授权，任何单位和个人不得擅自调阅、复制电子病历。

（七）复印或者复制的病历资料经申请人核对无误后，医疗机构应当在电子病历纸质版本上加盖证明印记，或提供已锁定不可更改的病历电子版。

（八）发生医疗事故争议时，应当在医患双方在场的情况下锁定电子病历并制作完全相同的纸质版本供封存，封存的纸质病历资料由医疗机构保管。

四、电子护理记录管理功能

电子护理记录管理功能包含以下必需的功能：

（一）提供患者生命体征记录功能，生命体征包括：体温、脉搏、呼吸和血压等。

（二）提供自定义生命体征项目的功能。

（三）提供手术护理记录单录入功能。

（四）提供危重护理记录单录入功能。

第三节　执行医嘱

一、医嘱的含义及种类

医嘱是医师在医疗活动中下达的医学指令，即医师诊查患者后，根据患者的病情、诊断所下达的治疗和护理意见。

（一）长期医嘱：有效时间在 24 小时以上，医师注明停止时间后即失效。

（二）临时医嘱：有效时间在 24 小时以内，应在短时间内执行，需要时立即执行。

（三）备用医嘱：根据病情需要分为长期备用医嘱（PRN）和临时备用医嘱（SOS）二种。

二、医嘱执行制度

（一）医嘱必须由在本院拥有两证（医师资格证和执业证）和处方权的医师开具方可执行，医生将医嘱直接写在医嘱本上或电脑上，为避免错误，护士不能代录医嘱。

（二）执行医嘱的人员，必须是本院具备护士执业资格的人员，其他人员不得执行医嘱。

（三）医生在计算机上下达医嘱后，护士应查对医嘱内容的正确性及开始的执行时间，严格执行医嘱，不得擅自更改。对临时医嘱必须在规定的时间15分钟内执行。如发现医嘱中有疑问或不明确之处，应及时向医师提出，明确后方可执行。必要时护士有权向上级医师及护士长报告，不得盲目执行。因故不能执行医嘱时，应当及时报告医师并处理。

（四）病区护士站的文员负责打印医嘱执行单，并交由管床的责任护士核对执行，责任护士执行医嘱后，在医嘱执行单上签署执行时间和姓名。

（五）在执行医嘱的过程中，必须严格遵守查对制度，以防差错和事故的发生。执行医嘱时须严格执行床边双人查对制度。

（六）一般情况下，护士不得执行医师的口头医嘱。因抢救急危患者需要执行口头医嘱时，护士应当复诵一遍无误后方可执行。抢救结束后，护士应及时在医师补录的医嘱后签上执行时间和执行人姓名。

（七）凡需下一班执行的临时医嘱，应向有关人员交代清楚，做好标本容器、特殊检查要求（如禁食、术前用药等）各项准备，并在交班报告中详细交班。

（八）病人手术、转科、出院或死亡后，应及时停止以前医嘱，重新执行术后或转科后医嘱。

（九）护士每班应查对医嘱，接班后应检查上一班医嘱是否处理完善，值班期间应随时进入工作站查看有无新开医嘱。护士长对所有的医嘱每周总核对一次。并在《医嘱核对登记本》上签名，发现错误应立即更正。护理部应定期抽查各科室医嘱核对情况。

（十）无医师医嘱时，护士一般不得给患者进行对症处理。但遇抢救危重患者的紧急情况下，医师不在现场，护士可以针对病情临时给予必要处理，但应当做好记录并及时向经治医师报告。

（十一）根据医嘱和各项处置内容的收费标准进行累计收费。随时核对住院病人医疗费用，及时进行补充收费。

三、执行医嘱流程

（一）医嘱处理护士接医生下达的医嘱后，应认真阅读及查对。

（二）查对医嘱无质疑后确认医嘱。

（三）医嘱处理护士按医嘱执行要求的缓急分配给护士执行。

（四）医嘱执行护士接医嘱执行单后，应认真查对，严格按照医嘱的内容、时间等要求准确执行，不得擅自更改。

（五）医嘱执行后，应认真观察疗效与不良反应，必要时进行记录并及时与医生反馈。

☞ 【案例一】

患者，男婴，1 岁，因面色苍白，发热、呕吐 5 天，以营养不良性贫血入院。入院后医嘱：10% 氯化钾 10mL 加入 10% 葡萄糖液 500 静脉点滴。值班护士没有认真阅读医嘱，将 10% 氯化钾 10mL 直接静脉推注。注射完毕发现患儿昏迷、抽搐、心脏骤停。立即组织抢救，行人工呼吸、心脏按压，注射钙剂、脱水剂等。经多方抢救无效死亡。

问题：

1. 值班护士在治疗护理活动中违法了吗？

2. 违法种类如何确定？

3. 医院及护士应承担什么法律责任？

☞ 【案例二】

某患者因截肢术后伤口疼痛，夜间无法入睡。经治医师下达医嘱："25% 硫酸镁 100 mL 静脉注射，一日两次"。护士执行医嘱后，药液还未注射完，患者出现面色苍白、脉搏变缓，未及抢救，患者呼吸和心跳均停止，导致死亡。原来，按照用药常规，静脉注射时使用的硫酸镁浓度应为 2.5%，而不是 25%，医师一时疏忽，护士也未发现错误。一个小小的小数点，致使患者丧命。

问题：此案例中存在哪些法律问题？

☞ 【案例三】

一女患者，因病到某院就诊。医师开出了做丙肝抗体检侧的化验单。该院检验师在书写检验报告单时，将 HCV 错写 HIV。患者回单位后，她患了艾滋病的消息不胫而走，单位同事、男友都对她避而远之。后来，患者又到其他医院重新检查，证实自己没有患艾滋病。此时，患者将某医院告上法庭，以法律维护了自己的名誉权。

问题：此案例中存在哪些法律问题？

☞ 【案例四】

患者刘某，女，38 岁，诊断：子宫癌。行子宫全切术，手术顺利，住院 15 天后出院。因医疗保险报账需要复印病历，发现护士在护理病历书写过程中采用了刀刮的修改方法，导致原来的记录无法辨认，保险公司对该记录的真实性不予认可，因此不给刘某报账，刘某最后将为她治疗的医院告上法庭，法庭认为该医疗机构在修改病历时违反了病历书写规范的基本要求,直接推定医疗机构在修改病历时违反了病历书写规范的基本要求,直接推定医疗机构存在过错。

  问题:1.事件发生的原因是什么?

     2.应该如何避免与防范?

☞ 【案例五】

  患者夏某,男,73岁,诊断:肺心病、心力衰竭。某日上午8:30由家属为其办理入院手续,经医师同意(该患者经常住院治疗,医师对其病情了解)13:50才将患者送至病房,当时患者精神极差,神志恍惚,呼吸48次/分,心率140次/分,血压160/110 mmHg,值班护士小孔立即将患者安置为半卧位、吸氧、建立静脉通道、遵医嘱用药……由于患者心肺功能极度衰竭,当晚抢救无效死亡。数日后,家属复印病历,认为医院延误患者病情,理由是:住院病历首页、入院记录单、体温单清楚写着患者"入院于八时三十分",而护理记录单为"入院于十三时五十分",医嘱单及遗嘱执行单上写明的处理时间也为十三时五十分,故认为医院对患者观察、处理不及时,应该对患者的死亡承担责任,要求院方赔偿。

  问题:事件发生的原因是什么?

     应该如何避免与防范?

思考与练习

1.学生学习本章后能够独立完成一份完整护理病历的书写。

2.电子病历的基本要求及管理?

3.执行医嘱流程是怎样的?

(张颖杰)

第五章 基础护理中的法律问题

1. 熟悉生活护理、患者安全管理、标本采集、健康教育及药品管理、医疗废物管理中的法律问题。
2. 能正确处理及应对基础护理过程中的法律问题。

名言导入

一事不谨，即贻四海之忧；一念不慎，即贻百年之患。

——清·玄烨

第一节 患者生活护理

一、生活护理概述

生活护理是保证一个人清洁与舒适的基本条件，而清洁与舒适是人类的基本生理需要之一，也是维持和获得健康的重要保证。健康人具有保持身体清洁的能力和习惯。当一个人患病时，其自理能力会出现不同严重程度的下降，但是对清洁的需求却与健康人一样，甚至更为强烈。因此帮助及指导患者做好生活护理是护士的重要职责，也是患者应该享有的权利。

二、生活护理的内容及目的

生活护理的内容包括整理床单位、面部清洁、口腔护理、会阴护理、足部护理、温水擦浴、协助更衣、床上洗头和梳头、晨晚间护理等。其目的是为了增进患者舒适，减轻不适反应，预防并发症的发生，以及观察患者病情变化及心理变化，协助治疗，满足患者身心需要。

三、护理人员在生活护理中的责任

（一）操作前评估与告知

护理人员为患者进行生活护理前，应及时评估患者的健康状况、生活自理能力，及生活护理需求和卫生习惯，了解身心需要。与患者共同探讨，制定合理、有效、安全的清洁计划并实施。指导其建立新的清洁习惯，使其在生理、心理上感到轻松、愉快。并建立良好的护患关系，消除患者对"患者角色"的忧虑意识，从而促进其身心康复。同时，护理人员在为患者进行生活护理前，需要告知患者操作的目的、方法、以及能让患者获得什么好处，并指导患者在操作过程中怎么配合护理，以及交代操作注意事项和可能出现的不良后果。

（二）操作中注意维护患者安全

为患者进行生活护理时，要注意保护患者的安全，包括生理安全和心理安全。比如护士为患者翻身时，应该拉好床栏，防止坠床的发生；为患者进行沐浴或床上擦浴时，应该注意水温，防止出现烫伤；以及对于需要暴露其隐私的操作，为患者护理时应严格按照操作要求进行，注意保护患者的安全与隐私，维护其尊严，应尽量减少不必要的暴露，做好安全防护措施，还应充分尊重患者自主的权利，满足其心理的需求。

（三）操作后评价

生活护理操作结束后，还应该进行评价，主要评价操作后的效果，以及为患者实施生活护理措施后，是否达到了生活护理的目的。还应评价患者的身心需求是否得到满足等。

四、生活护理中患者知情同意权问题

在生活护理中，最容易被忽视的是患者的知情同意权。护士是否认真履行了告知义务，尤其是事先告知，告知的内容包括生理护理的内容、目的、方法及注意事项，护士将采取的措施，患者及家属需配合的事宜等。目前许多护理人员在为患者进行生活护理时，仅仅只是简单、机械的完成操作，并没有事先去征得患者的同意，操作中也没有跟患者及时沟通，以至于患者不了解医护人员为什么要这样做。此时，还可能会因为误解生活护理产生的费用，而成为医院和患者之间形成纠纷的导火线，而且在法律上来说作为医院方面同时侵犯了患者的知情同意权。

第二节　患者安全管理

一、相关概念

患者安全指在接受医疗护理的过程中，尽可能不发生和降低法律和法规允许范围内的心理、生理方面的损害，同时不发生不允许的影响和损害。这是两种表述，一是尽可能减少允许发生的，二是不能发生不允许发生的。患者安全管理指

在医疗过程中所采取的必要措施，来避免或预防患者不良的结果或伤害，包括预防错误、偏误与意外。而作为一名医护人员，在履行自身职责的同时，也要了解患者住院期间，存在的安全隐患，并采取相应的措施来预防或减少它的发生。

在临床护理工作过程中可能由于护士的法律意识和自我保护意识淡薄、设备安全等因素可能会给患者带来一系列的安全问题，比如患者身份识别错误、烫伤、给错药等问题的发生。因此要求我们护理人员对这些问题要引起足够的重视，尽量避免类似的问题发生，以保证患者的安全。

二、患者安全隐患

（一）护士的法律意识和自我保护意识淡薄

部分护士法律意识、风险意识不强，"慎独"修养差，工作作风不严谨，不能充分认识到护理工作的每一个环节都存在着法律问题，在工作中责任心不强，玩忽职守而导致患者死亡、残疾或因服务态度差，不严格执行医疗护理规章制度及技术操作规程而引发患者安全事故；在非抢救患者时执行口头医嘱；护理文件记录不规范，内容不全面，用词不准确，特别是危重患者的记录重点不突出，提前记录或记录不及时，涂改或编造记录，随便同意患者外出或离院，又不做任何记录；缺乏证据意识，忽视证据的收集和管理。一旦出现纠纷，护理人员便处于不利的诉讼地位。这些以低年资护士表现得最为突出。

（二）部分护士综合知识水平低

一方面，随着科学技术的进步和发展，新技术、新项目的引进和创新，医疗、护理技术含量不断增高，复杂程度及风险加大。部分护理人员不重视业务学习及技术培训，业务知识缺乏，技术水平低，工作效率不高，尤其是在抢救危重患者或工作繁忙时更是手忙脚乱，不知所措，造成患者及家属不信任感和恐慌，给护理安全带来隐患；另一方面，部分护士缺乏人文与社会科学等方面的知识，角色转变困难，满足不了患者身心护理需求，在与患者的沟通交流中，技巧缺乏、言语不当，引起患者及家属的不满，甚至引发医疗纠纷。调查显示：65%的护患纠纷是由于护士语言使用不当所引起的。

（三）环境、药物、设备的安全因素及对患者身份识别不准确

住院环境、基础设施、安全防护不到位，可造成患者医院感染、食品污染、坠床或跌倒、褥疮、失窃；药物配伍禁忌，给药途径或剂量不当，仪器设备使用及管理不到位；地面湿滑使患者摔倒，病床无扶栏致坠床，呼叫系统故障延误抢救；在为患者实施护理操作时对患者身份识别不准确等均可导致医疗护理纠纷的发生。

（四）质量管理体系不健全

质量管理制度不完善，监控不力、业务培训不到位、人员安排不合理等都可

以造成护理安全隐患。管理层不重视各种制度的建立健全，约束力不够，对患者存在的安全隐患预见性差；护理人员配置不合理，护士超负荷繁重劳动，造成护理人员身心疲惫，注意力不集中，工作责任心不强，服务不到位，环节质量无法控制，语言、行为不当或过失，及护士无证上岗等都将影响护理安全。

三、患者安全管理中的对策

（一）护士的法律意识和自我保护意识淡薄的管理对策

重视在职护士的法律及安全知识教育及加强"慎独"修养，广泛开展法制及安全教育，增强护理人员的护理安全及法律意识，使每位护士都能充分认识到护理工作的每一个环节均存在护理安全问题，树立"质量就是生命"的观念。通过法制教育，引导护士学法、懂法、知法，认识到违法的后果；加强责任感，严格执行规章制度；懂得自己该做什么，如何去做，才能很好地维护患者和自己的权益；加强"慎独"修养，不可凭主观经验行事，忽视病情观察。不可存在丝毫侥幸心理，随意简化任何程序，忽视每一查每一对。

（二）对患者身份识别不准确的管理对策

1.进一步落实各项诊疗活动的查对制度，在抽血、给药、或输血时，至少同时使用两种患者识别方法，不得以床号作为识别依据。开展先请患者说出自己名字，后再次核对并确认患者姓名的方法。

2.在实施任何介入或有创高危诊疗活动前，责任者都要主动与患者或家属沟通，作为最后确认的手段，以保证患者的正确。

3.完善关键流程识别措施，即在关键的流程中，均有患者识别准确的具体措施，交接程序与记录文件。

4.建立使用"腕带"作为识别标识制度，特别是对手术、昏迷、神志不清、无自主能力的重症患者，在诊疗活动中使用"腕带"，作为各项诊疗操作前辨识患者的一种手段。

（三）门诊与病房用药的安全性的管理对策

1.建立病房药柜内的药品存放、使用、限额、定期检查的规范制度；存放剧、毒、麻醉药有管理和登记制度，符合法规要求。

2.病房存放高危药品有规范，不得与其他药物混合存放，高浓度电解质制剂（包括氯化钾、磷化钾等）及肌肉松弛剂等高危药品必须单独存放，有醒目标志。

3.病区药柜的注射药、内服药与外用药严格分开放置，有菌物品与无菌物品严格分类存放，输液处置用品、备用物品、皮肤消毒剂与空气消毒剂、物品消毒剂严格分类分室存放管理。

4.所有处方或用药医嘱在转抄和执行时，都有严格的二人核对、签名程序，认真遵循。

5. 在下达与执行用药医嘱(或处方)时要注意药物配伍禁忌。

6. 病房建立重点药物用药后的观察制度与程序,医师、护士须知晓这些观察制度和程序,并能执行。对于新药特殊药品要建立用药前的学习制度。

7. 药师应为患者提供合理用药的方法及用药不良反应的服务指导。

8. 进一步完善输液安全管理制度,严把药物配伍禁忌关,控制静脉输液滴速,执行对输液患者最高滴数限定告知程序,预防输液反应。

(四)特殊情况下不能正确执行医嘱的管理对策

1. 紧急抢救急危重症的特殊情况下,对医生下达的口头临时医嘱,护士应向医生重述一遍,在执行时护士、医生双重检查和核对药品(尤其是在超常规用药情况下),事后应及时准确记录。

2. 对接获的口头或电话通知的"危急值"或其他重要的检查(包括医技科室其他检查)结果,接获者必须规范、完整地记录检查结果和报告者的姓名与电话,进行确认后方可提供医师使用。

(五)手术患者、部位及术式错误的管理对策

1. 建立与实施手术前确认制度与程序,有交接核查表,以确认手术必需的文件资料与物品(如病历、术中特殊用药等)均以备妥。

2. 建立术前由手术医师在手术部位做标识的制度与规范,并主动邀请患者参与认定,避免错误的部位、错误的患者、实施错误的手术。

(六)手部卫生与手术后废弃物增加院感的管理对策

1. 制定并落实医护人员手部卫生管理制度和手部卫生实施规范,正确配置有效、便捷的手卫生设备和设施。为执行手部卫生提供必要的保障。

2. 制定并落实医护人员手术操作过程中使用无菌医疗器械规范,手术后的废弃物应当遵循医院感染控制的基本要求。

(七)患者压疮事件发生的管理对策

1. 认真实施有效的压疮防范制度与措施。

2. 建立跌倒与压疮的报告与认定制度。

3. 根据"压疮危险因素评估表",评估和确定患者发生压疮的危险程度,采取预防措施。

(八)患者跌倒、烫伤事件发生的管理对策

1. 强化医护及后勤人员的安全意识,采取相应安全措施

在醒目位置张贴相关标识,建议患者特别是老年及有残障患者就医要有陪护。住院患者严格遵守相关护理制度,无陪护时不可擅自下床活动。保持病区地面干燥平整,清洁地面时放置防滑标志,发现地面有水及时弄干。每张病床安装护栏,必要时随时可以使用。

2. 加强医护人员风险管理意识

加强地面、易致跌倒药品物品、热水源等危险因素管理,对可能出现的紧急情况、意外事故以及处理程序和措施要清楚,由护士长组织所有医护人员定期学习应急知识,做到人人知道、人人掌握,如患者跌倒、烫伤后,医护人员该怎么做,具体的处理程序及措施等。

3. 加强护理安全教育,强化护理安全意识

医护人员要经常学习关于护理安全措施的内容,包括各项护理规章制度、护理法律法规知识,同时教育大家加强自我保护意识,让大家认识到平时工作中按规章制度办事对患者、对自己的重要性。

4. 全面评估患者,预见患者潜在可能跌倒或烫伤原因

对就诊患者特别是老年及儿童患者,要仔细观察,根据年龄、病史、过去有无跌倒史等情况全面评估患者的活动能力,如年龄超过 70 岁、平时活动能力较差,或者有中风、帕金森病史,在家活动时有跌倒等情况时,医护人员应评估为有跌倒可能,应采取的护理措施为:如为门诊患者,要再三叮嘱陪护人员注意安全,同时嘱老年及儿童患者尽可能远离门诊热水源及电源等。住院患者,在患者床边放置易跌倒标志,提醒医院工作人员注意安全,如外出检查时需用轮椅或平车的,要全程陪同,随时了解床栏有无使用及患者的去向。加强热水源及电器设备管理,使患者远离热水源及电器设备,以免发生烫伤。

5. 对于住院患者,要求医生开陪护医嘱

向患者家属解释陪护的必要性,并让家属在陪护协议上签字,以免万一发生跌倒烫伤事件,产生医患纠纷时口说无凭。对手术后患者护士应做到心中有数,正确评估患者术后的活动能力,根据患者术后的一般情况、有无使用镇痛剂等情况来决定患者的活动程度,活动时护士应在床边指导、协助,以免发生意外。对神志不清、烦躁不安患者使用约束带,但必须跟家属做好解释工作及详细记录。

6. 加强医护与患者之间的交流,保证患者安全

加强对就诊患者的宣教工作,特别是有关安全方面,如地面、楼梯、平车、电源、热水源等环境设施,需要帮助时不要随意离开病房等。术前与患者及家属充分交流有关术后注意事项,如术后没有医务人员指导患者不要擅自下床,陪护人员离开时应征得护士的同意,术后第一次下床活动时应有医务人员在旁协助等。

(九)合理配置人力资源,改善超负荷工作状态的对策

护理管理者要根据各科室的具体情况,合理配置人力资源,对排班模式进行尝试性改革。可根据不同时段工作量的变化合理安排人力,对中午班、夜班、医疗高峰、突发事件发生、危重患者的抢救实行动态排班制,要用多种方法解决护士超负荷劳动情况。

第三节 死亡与安宁护理

　　死亡是生命的终极过程，是生命整体发展不可避免的阶段，即必然的发展过程。当个体不幸患上重病、遇到意外或自杀死亡更是不期而至。作为医务人员不仅自己要理解死亡的意义，必要时还要给病人、病人家属以及社会公众进行死亡教育。通过教给人们与死亡相关的医学、哲学、伦理学、社会学等适当的知识，来帮助人们正确认识人生和死亡，其直接目的是要帮助人们学会在面对死亡（他人的和自己的）时寻求良好的心理支持，征服死亡带给人们的恐惧与悲伤。给临终的病人提供安宁照顾，缓和身患重症病人的症状，包括身体、情绪、社会福利资源等方面所遇到的困难，从而改善病人的生活质量，使病人能获得舒适，减少痛苦。目前临床上对于死亡的判断以及死亡的方式还存在着有争议的领域。

一、脑死亡

　　脑死亡是指由各种病因引起脑组织缺血、缺氧或坏死，致使脑组织的机能和生命中枢功能损害进展到不可逆转的阶段，最终导致病人的必然死亡。由于世界各国思想、文化等方面的差异，脑死亡的诊断标准及其接受程度不尽相同。在迄今的八十多种脑死亡诊断标准中，哈佛标准是比较有代表性的一个。1968年在第22届世界医学大会上，美国哈佛医学院脑死亡定义审查特别委员会制定了世界上第一个脑死亡诊断标准：

　　1. 不可逆的深度昏迷；

　　2. 自发呼吸停止；

　　3. 脑干反射消失；

　　4. 脑电波消失（平坦）。凡符合以上标准，并在24小时或72小时内反复测试，多次检查，结果无变化，即可宣告死亡。但需排除体温过低（<32.2℃）或刚服用过巴比妥类及其他中枢神经系统抑制剂两种情况。自从"哈佛标准"在21世纪70年代获得统一认识后，先后有不同国家以医学会宣言或是直接以国家立法的形式确立了脑死亡的法律地位，目前有近30个国家立法通过了脑死亡标准。

　　（一）脑死亡标准制定与相关立法的现实意义

　　1. 脑死亡与生命维持与否

　　随着医学的进步，一些脑死亡者通过生命维持装置，心跳和呼吸还可以维持较长时间，如果延长脑死亡病人的生命时间，家属和社会必须承受沉重的精神和物质负担，造成经济、人力和精神上的巨大浪费。此时若是经患者家属要求撤除脑死亡患者的维持生命装置，其心跳、呼吸就会停止。按照传统的"心脏学说"死亡标准，脑死亡患者有心跳是活着的人，撤除维持生命装置就是剥夺人生命的违法行为。如果脑死亡标准得到法律的确认，脑死亡患者是已经死亡，即使实施了这样的行为也不存在违法的问题。所以，脑死亡合法还是不合法直接关系到当事人的民事权利，关系到医生的法律责任问题。

2. 脑死亡与器官移植

器官移植是挽救一些末期肾脏、心脏、肝脏等严重疾病的有效方法，由于需要的供体器官严重缺乏而影响了其临床实际运用。当今西方国家可供移植的优质器官主要来自脑死亡病人，经家属同意后即可使死者成为脏器供应的供体。如果脑死亡标准与立法没有确定，则摘取心跳尚存的脑死亡患者的器官，会被认为是杀人，需要承担相应的法律责任。另一方面摘取心跳停止已很久的患者的器官进行器官移植的成活率低或等于零，会失去器官移植的意义。

3. 脑死亡与安乐死

对于现代医学条件下无可挽救其生命的患不治之症的濒死病人，医生在患者本人或者其近亲属真诚委托的前提下，为减少病人难以忍受的剧烈痛苦而采取适当措施，提前结束病人生命。如果以立法的形式通过并实施脑死亡标准，无疑为医院和病人家属对治愈无望的病人选择实施安乐死的方法提供了法律依据。

(二)国外脑死亡的立法现状

脑死亡不仅在医学界得到公认，而且许多国家为之制定了相应的法律标准，已获得法律认可。就立法历史来看，脑死亡相关法律的建立是一个逐渐完善的过程，是与医学科学关于死亡的认识变迁相依而存的。芬兰是世界上最早以国家法律形式确定脑死亡为人体死亡的第一个国家，它的判定标准是在 1971 年公布的。1978 年，美国统一州法全国委员会通过《统一脑死亡法》(Uniform Brain Death Act, UBDA)。日本于 1997 年 10 月起实施的《器官移植法》规定：脑死亡就是人的死亡。加拿大和瑞典的脑死亡法律强调，当人所有脑功能完全停止作用并无可挽救时，即被认为已经死亡。此外，还有阿根廷、澳大利亚、英国、法国、西班牙等 10 多个国家制定了脑死亡法律，承认脑死亡是宣布死亡的依据。比利时、南非、新西兰、韩国、泰国等数十个国家虽然没有正式制定法律条文承认脑死亡，但在临床上已承认脑死亡状态并作为宣布死亡的依据。

(三)我国脑死亡立法现状

长期以来，我国把"心脏停止跳动"作为判定死亡标准，国人传统的"心肺死亡"概念根深蒂固，"还有心跳，就判定为死亡"在公众心目中难以接受。目前，我国对脑死亡的定义与标准，尚无明确法律规定。但是对脑死亡的研究在 20 世纪 80 年代已经开始。1986 年 6 月在南京召开了"肺脑复苏座谈会"，与会的急救、麻醉以及神经内、外科医学专家们倡议并草拟了我国第一个《脑死亡诊断标准》(草案)。随着我国脑死亡课题研究的相关进展，1988 年，在上海的有关学科专家围绕着拟议中的上海市脑死亡诊断标准进行了研讨。1989 年，我国制定出第一个小儿脑死亡诊断标准试用草案。1996 年，中国香港确立了脑死亡法，规定可以以脑死亡为死亡标准。1999 年 5 月，中国器官移植发展基金会、中华医学会器官移植分会和中华医学杂志编委会在武汉召开"全国器官移植法律问题专家研讨会"，提出《器官移植法》（草案）和《脑死亡标准及实施办法》（草案）。2002 年，卫生部制定了一份符合我国国情的脑死亡诊断标准，并广泛地征求各方意见加以修改和完善；2003 年，在上海对《脑死亡判定管理办法（讨论稿）》进行了研讨，这意味着我国脑死亡立法已经进入了准备阶段。2003 年 4 月 10 日，武汉同济医院对外宣布，已按照卫生部脑死亡起草小组的最新标准，征得家属同意，宣布患者毛金生死亡。据悉，这是我国正式认定的首例脑死亡。作为我国严格按照卫生部颁布的《脑死亡判定标准（第三稿）》诊断的第一人，毛金生的诊断过程及整个录像资料，为我国死亡观念的更新和推动脑死亡的立法，起到了重要的作用。

二、安乐死

"安乐死"源于希腊文 euthanasia，是由"美好"和"死亡"两个词所组成，其原意是指无痛苦的、舒适的甚至幸福的死亡。现代意义的安乐死是指对于现代医学条件下患不治之症的濒死病人，医生在患者本人或者其近亲属真诚委托的前提下，为减少病人难以忍受的剧烈痛苦而采取适当措施，提前结束病人生命的行为。按安乐死实施中的"作为"与"不作为"，将其分为主动安乐死与被动安乐死。主动安乐死是指对符合安乐死条件的病人，医生用药物等尽快结束病人痛苦的生命，让其安宁、舒适地死去。被动安乐死也称消极安乐死，是指对符合安乐死条件的病人，终止维持其生命的一切治疗措施，任其自然死亡。

（一）国外安乐死立法现状

安乐死是现代医学发展所面临的一个无法避免的问题，涉及到社会学、伦理学、心理学、法学等方面的问题。在世界范围内安乐死立法进程缓慢，在有相关安乐死立法的国家和地区，大多数是对被动安乐死的认可；对于主动安乐死，大多数国家和地区在法律上持反对甚至禁止的态度。

1. 荷兰

荷兰是世界上第一个就安乐死问题制定法律的国家。1988 年荷兰皇家药物管理局在一份报告中阐述了关于安乐死的标准。2000 年 11 月荷兰议会下院以多数票通过了关于"没有希望治愈的病人有权要求结束自己的生命"的《安乐死法案》。2001 年初荷兰议会上院正式通过安乐死法案，成为世界上第一个安乐死合法化的国家。该法案将荷兰长期以来的安乐死判例加以条文化、规范化、法律化，不仅承认消极被动的安乐死，更为重要的是有条件的承认主动安乐死。法案为医生实施安乐死规定了严格而详细的条件。首先，病人必须在意识清醒的状态下自愿接受安乐死并多次提出相关请求，医生必须与病人建立密切关系，以判断病人的请求是否出于自愿或深思熟虑。其次，根据目前的医学经验，病人所患疾病必须是无法治愈的，而且病人所遭受的痛苦和折磨被认为是无法忍受的，医生和病人必须就每一种可能的治疗手段进行讨论，只要存在某种治疗方案可供选择，就说明存在治愈的可能性。再次，主治医生必须与另一名医生进行磋商以获取独立的意见，而另一名医生则应就病人的病情等情况写出书面意见。最后，医生必须按照司法部规定的"医学上合适的方式"对病人实施安乐死，并在实施后向当地政府报告。

2. 澳大利亚

1995 年 5 月 25 日澳大利亚北部地区议会通过了一部与安乐死相关的法律，即《晚期病人权利法》，并于 1996 年 7 月 1 日在一片争议声中开始生效。但由于反对的力量十分强大，实施效果不佳。1996 年 12 月联邦众议院以压倒多数的投票终止该部法律的实施。1997 年 3 月澳大利亚联邦参议院经过辩论，推翻了《晚期病人权利法》。

3. 美国

在安乐死立法运动中，美国是一个积极的国家，只是各州对安乐死的立法不尽相同。20 世纪 70 年代以来，美国判例法开始明确承认被动安乐死，同时对主动安乐死持宽容态度。1976 年加利福尼亚州州长签署了《自然死亡法》(Natural Death Act)。这是美国第一部成文的被动安乐死法。1977 年以来美国有 38 个州通过了《死亡权利法案》，要求医生尊重病人安乐死愿望。俄勒冈州于 1994 年通过一项法律，允许内科医生在特定条件下协助病人自杀。但到目前为止，安乐死在美国大部分地区仍属非法行为。

4. 欧洲各国

瑞士法律规定，对一个遭受痛苦，注定要死亡的重病患者施行安乐死是合法的，允许医生在病人提出"清晰和准确"的安乐死请求时采取帮助性自杀措施。英国曾于 1961 年颁布"自杀法案"，规定帮助和建议别人自杀的人可被判处最高 14 年徒刑。现在安乐死在英国还是不合法的，但要求安乐死合法化的呼声越来越高。2000 年 3 月，法国公布了一项实施安乐死的研究，该研究建议，在法国实施安乐死应被视为一种"非法行为"，但在所有医疗方法都无效的情况下，有病人的强烈要求，实施安乐死是"可以接受的"。此外，丹麦、加拿大允许病人拒绝继续接受治疗。

(二)我国安乐死立法现状

我国探索"安乐死"立法之路，曲折而艰辛，自 1994 年始，全国人代会提案组每年都会收到要求为安乐死立法的提案。大致经历过以下尝试：

第一次尝试：在1988年七届人大会议上，最早在全国人大提出安乐死议案的是严仁英和胡亚美，两人分别是中国妇产科学和儿科学专业的泰斗。严仁英在议案中写下这么短短几句话："生老病死是自然规律，但与其让一些绝症病人痛苦地受折磨，还不如让他们合法地安宁地结束他们的生命。"

第二次尝试：1994年全国两会期间，广东32名人大代表联名提出"要求结合中国国情尽快制定'安乐死'立法"议案。

第三次尝试：1995年八届人大三次会议上，有170位人大代表递交了4份有关安乐死立法的议案。

第四次尝试：1996年，上海市人大代表再次提出相关议案，呼吁国家在上海首先进行安乐死立法尝试。随后于1997年首次举行的全国性"安乐死"学术讨论会上，多数代表赞同安乐死，个别代表甚至认为就此立法迫在眉睫。

2007年"两会"期间一名28岁的肌无力患者写了份《安乐死申请》，再次引起了全国对安乐死立法的大讨论。

（三）护士与安乐死相关法律问题

随着护理工作的变化，护士所面临的工作挑战也是前所未有的。护士不仅需要广博的知识，精湛的技术和热情的服务，同时还时时刻刻面临着伦理责任和法律责任的抉择。在临床上一些患不治之症的濒死病人，经历着身体上、精神上巨大的痛苦与折磨，在患者本人或者其近亲属真诚委托的前提下，遵医嘱采取被动安乐死如停止有效治疗，撤除生命维持装置常有发生，现实中因此引起法律纠纷比较多见。护士不管是协助医生完成还是单独进行主动安乐死，使用药物等结束病人生命，尽管是经病人或家属的强烈要求，主观意愿是帮助病人解除难以忍受的痛苦，但在没有法律支持的前提下，仍然属于故意剥夺病人的生命，有可能因此被起诉，从而受到法律的制裁。这就要求每一位合格的护士应该熟悉国家的法律法规，而不能停留在过去的护理道德观来评价自己的护理行为，要熟悉自己工作中存在的潜在性法律问题，以便更好地履行自己的责任，保护自己的合法权益，为病人提供优质服务。

安乐死立法是一把双刃剑，用得好，就可以真正解脱病人的痛苦；否则就可能成为剥夺病人生命权利的借口，被不法不义之徒滥用。由于安乐死的最终结果是结束一个人的生命，因而这不仅仅是一个伦理问题，而必须要有法律的保障，将安乐死被滥用的危险降到最低。我们在进行理论探讨的同时，必须深入研究安乐死的实施条件、实施程序等问题。只有加快安乐死的立法研究，才能早日结束人们在这一问题上无所适从的混乱状态。

第四节 标本留取与特殊检查

一、标本留取中的法律问题

（一）标本采集的种类

常见标本采集包括血标本、尿标本、粪便标本、痰标本、咽拭子培养和呕吐物等标本的采集。

（二）标本采集与特殊检查的意义

临床上经常会采集患者的标本如排泄物、分泌物、呕吐物、血液、体液等进行检验，以及通过对患者进行 B 超、CT 等检查来协助疾病的诊断与治疗。因为标本采集与特殊检查，可在一定程度上反映机体的生理、病理变化，从而为疾病的诊断、治疗、疾病的发展及转归提供可靠依据。而标本检验与特殊检查是诊断疾病的重要方法之一，而检验检查结果的正确与否直接影响疾病的诊断、治疗及抢救，因此也会涉及到一些法律问题。护士在留取标本和特殊检查中扮演重要的角色。不仅要掌握标本采集及特殊检查的知识和方法，做到准确无误，保证质量。也要明确相关的法律规定、提供合格的标本，给予特殊检查患者恰当的护理，保证各种检查的顺利实施，为诊断治疗提供可靠的依据，保障患者利益和安全。

（三）采集和留取标本的原则

1. 标本的采集和留取必须要严格遵照医嘱。执行之前患者需知情和同意。

2. 标本采集和留取的目的必须旨在维护人体健康，用以增进诊断、治疗和预防等方面的措施，以及为了对疾病病因学和发病机制的了解。

3. 标本的采集和留取只能通过曾受过严格训练的有资格的医护人员才可进行。

4. 标本的采集和留取要避免给患者造成精神或肉体上的痛苦及创伤，如确实无法避免会给患者带来影响，则需要提前详细且明确地告知患者标本的采集和留取会对患者本身造成哪些潜在的危险以及可能承担的不舒适与困难等，且必须得到患者自愿接受标本采集和承诺。另外要采取一切预防措施，使患者的影响和冲击减少到最低程度。

5. 标本采集和留取过程中如果已查明或者发觉有可能出现危险，该项操作应立即停止进行。

（四）标本留取与特殊检查中的法律问题

1. 留取标本的法律问题

在临床护理工作中，正确的检验结果对疾病的诊断、治疗和预后的判断有一定的价值。有计划有目的地进行标本的采集和留取不仅是必要的，对人类自身来说也是有益的。但是，由于受试对象是社会关系的主体，是活生生的自然人，而该项临床护理工作不免可能会造成患者一定程度的伤害。因而这种以人体为直接对象的有目的的人为操作直接关系到法律所保护人的生命安全和健康，这就产生了标本采集和留取过程中的法律问题。比如怎样采集和留取；用何种方式取得患者的同意；如何认识并掌握采集和留取条件；如何将患者的损伤控制在最低程度；当中的人道主义准则；以及对那些失大于得或有失无得的标本采集和留取如何进行法律评价等。在现代医学发展过程中，国际医学界已经总结并提出了一套较为成熟的指导护理工作者从事标本采集和留取方面的伦理原则。

2. 标本采集中患者的知情同意权问题

在标本采集和留取当中，最容易被忽视的是是否在采集和留取之前征得患者的同意。护士是否认真履行了告知义务，尤其是事先告知，告知的内容包括检查的内容、检查的目的、标本留取的方法及注意事项，护士将采取的措施，患者及家属需配合的事宜等。目前许多护理人员在替患者采集和留取标本进行检查时，仅仅只是遵照医生的医嘱进行采集和留取，并没有事前去征得患者的同意。患者不了解医护人员正在做什么和为什么这样做。此时，往往形成患者根本不清楚标本的采集和留取对他（她）的病情是否有帮助，或者理解为医院方面更多地收取医疗费用的借口，这样就在医院和患者之间形成了纠纷的导火线，而且在法律上来说，作为医院方面同时侵犯了患者的知情同意权。

目前我国的法律法规对于侵犯知情同意权的损害赔偿没有直接的规定。而《医疗事故处理条例》第四十九条为："不属于医疗事故的，医疗机构不承担赔偿责任"，同时其第五十六条又规定："未如实告知患者病情、医疗措施和医疗风险的情形"由卫生行政部门责令改正；情节严重的，对负有责任的主管人员和其他直接责任人员依法给予行政处分或者纪律处分。可见，依照条例，只有当侵犯患者知情同意权构成医疗事故的时候医方才承担损害赔偿责任；其他情况下，医方承担的是行政责任。造成这种纠纷的最直接原因就是护理人员法律意识淡薄，以及对标本采集和留取原则的不熟悉，因此，医护人员应该把这相关的信息如实地告诉患者。患者有权根据获得的信息作出接受或拒绝的决定。其目的是保护患者实现知情同意的权利。

3. 标本采集中常见的错误

在护理差错统计中，标本采集方面的差错并不少见，甚至还占有较大比例。

（1）"三查八对"（三查：血液的有效期、血液的质量和输血装置是否完好；八对：姓名、床号、住院号、血瓶号、血型、交叉配血试验结果、血液的种类和剂量）不严格，如抽血抽错患者、检查项目错误、标本与化验单不一致等导致重新采集或结果错误等。

（2）未能正确指导患者留取标本。有些需要患者自己留取的标本，护理人员对其健康教育不到位，患者没有完全知晓标本留取的方法，导致患者标本留取不合格。例如留取时间不对、方式不对、容器选择不对或没有按要求留取，以致无法送检或影响了检验结果。

（3）各种原因造成的标本溶血、凝血，如抽血剂量不准、摇匀时间不够、抗凝剂选择错误等。导致需要重新采集标本，增加患者痛苦。

（4）非技术性原因导致的标本无法送检，如化验室下班、化验室不具备该项检查项目的能力，特殊检查未与化验室联系等。临床医生往往只考虑自身或患者情况，未考虑到整个医院的其他规则，出现在临下班时采集特殊标本而无法送检，人为地导致标本无法及时送检，影响检验结果。

（5）标本送检不及时及化验报告时间延误，由于医院自身管理方面的问题如标本采集好后工作人员不能及时送检，化验室收到标本后未及时作检查，结果出来后未及时发放到病房，护士收到结果后未及时通知医生等情况。

4.检查结果报告单的保存

检查结果报告单不仅是临床诊疗的依据，更是重要的法律依据，因此医护人员应加强对检查结果报告单的管理工作。临床检查结果报告单一般由检验科室直接送往各病房，病房护士或医生将其再分别加入到相应的病历中，最后随同病历一起送往病案科保存。但仍有下列特殊情况。

（1）转科患者的检验结果

此类检查结果报告单由于是患者转科前送至化验室的，故结果出来时仍写的是患者当时所在科室。当科室收到已转科患者的检查结果报告单时应及时送至患者目前所在科室加入病历保存。

（2）出院或死亡患者的检验结果

由于有些检验需要较长时间才能出报告，因而可能会出现报告发出时患者已经不在病房的情况，甚至病历也已经送往病案科了。此时，病房应有专人管理这部分检验结果，集中送病案科归档保存，以保证病历的完整。

二、特殊检查中的法律问题

除上述标本检查外，临床上往往会借助一些特殊检查，如 B 超、胃镜、胃肠道造影、结肠镜、CT、MRI 和隐私部位的触诊等检查来协助明确疾病的诊断、观察病情、制定防治措施和判断预后等。对于特殊检查，应协助告知实施该检查的项目名称、目的、意义、可能出现的并发症及风险、费用等。在这些特殊检查中稍不注意也会侵犯患者的合法权利，如知情同意权、隐私权等，导致护理纠纷。

（一）特殊检查中护士的职责

特殊检查一般由医生开出医嘱并对患者进行解释。护理人员的职责体现在下列几个方面：

1. 告知患者特殊检查的时间

当医生开出一项特殊的检查单据后，护士应了解患者对该项检查是否完全了解，并愿意执行，与其确定具体检查时间。

2. 协助患者特殊检查前的准备工作

当该项特殊检查时间确定后，护士有责任协助患者进行检查前的准备工作。如做胆囊造影试验前，先要进行饮食方面的指导，并告知患者及家属检查前的注意事项，及如何配合检查等。

3. 护送患者到特殊检查的科室

病情允许能自行去检查的患者，护士可告知其检查科室的具体位置，指导患者自行去作检查；特殊患者或病情不允许其自行去检查的患者，护士应安排专人（如可请相关服务部门人员）并选择合适的运送工具护送患者到相关检查科室。当患者病情极其危重又必须外出检查时，应有专门的医生和护士陪同患者检查。在转运途中，要观察患者的病情变化并根据情况给予处理，同时要防止患者坠床。

4. 协助患者在特殊检查中的护理

一般来说患者在检查时无需护士陪护，但也有特殊情况，如遇到无法自行配合检查的患者（如婴幼儿及危重患者）则需要有专人守护在一旁，以保证检查顺利进行。另外，有些特殊检查科室还配有专门的护理人员在检查中对患者进行护理，此时护士一般承担着检查前准备工作（如输液、肌肉注射）、检查中配合工作、患者病情的观察，以保障检查顺利进行。

5. 迎接特殊检查后的患者回病房并实施相应的观察护理

患者检查完毕回到病房后，护士应了解检查情况，重病患者协助患者安全转运到病床，观察病情，报告医生，并关注检查结果的到位情况。

6. 危重患者作特殊检查

危重患者特殊检查尽量选择床边检查。如果必须离开病室去作检查时，医护人员应事先向家属告知患者病情和检查的必要性以及可能发生的问题，取得家属同意后，安排专门的医护人员全程陪同患者去作检查，以保障患者的安全。

（二）患者的知情同意权问题

在特殊检查中往往会给患者带来一定程度的不适或痛苦以及经济负担，这就要求医护人员在检查之前一定要向患者讲解清楚，如有实习学生旁观也应解释清楚，征得患者同意后方可实施。在我国对这一点已经有明文规定，国务院1994年9月1日颁布的《医疗机构管理条例》第三十三条明确规定："医疗机构实施手术、特殊检查或者特殊治疗时，必须征得患者本人同意，并应当取得其家属或者关系人的同意并签字。"2002年9月1日实行的《医疗事故处理条例》第十一条规定：

"在医疗活动中，医疗机构及其医务人员应当将患者的病情、医疗措施、医疗风险等如实告知患者，及时解答其咨询；但是，应当避免对患者产生不利后果。"由此可见，患者同意是护理侵权行为的必要免责条件，是护理行为合法性的前提，也是法律赋予患者的权利。同时《民法通则》规定，患者及其法定代理人和委托代理人是知情同意权的主体；《医疗机构管理条例》规定了知情同意的内容及形式。

(王丽娟)

第五节　健康教育

健康教育是以病人及其家属为对象，利用护理学和健康教育的基本理论和方法进行有目的、有计划、有评价的教育活动，提高病人自我保健和自我护理能力，达到预防疾病，保持健康，促进康复，建立健康行为，提高生活质量的目的。护理健康教育是整体护理的重要组成部分，也是医疗保健服务不可缺少的重要内容之一。但随着人们生活水平的提高、法律意识的不断增强及新的《医疗事故处理条例》的出台，医务人员的行为将随时置于法律的约束之下。因此，在健康教育活动中护士必须明确自己的职能范围和法律责任，明白病人及自己权利和义务，从而有效地维护病人和自身的合法权益。

一、健康教育相关的法律问题

(一)健康教育是尊重病人权利，履行护理职责的要求

我国有关法律规定，病人享有生命健康权、知情同意权、隐私权、安全权、求偿权、受尊重权、获取知识权、选择权、监督权、复印病历权等。患者有权利了解自己的病情、治疗方案、用药等治疗措施，如果在患者不了解自己的病情或不同意某种检查方法、治疗方案等情况下，就制定护理计划与措施，这种情况既侵犯了患者的知情权，也不利于治疗和护理，还有可能因病人拒绝支付医疗费用而导致医患纠纷。同时，我国护士管理办法规定护士有承担预防保健工作、宣传防病治病知识、进行康复指导、开展健康教育、提供卫生咨询的义务。因此，开展健康教育不仅是对病人权利的重视，也是医护人员应尽的义务。

(二)健康教育过程中与医生或其他人相矛盾

健康教育不仅仅是护士的工作，也是医生或其他医务人员如药剂师、检验师、影像技术人员等的责任。在开展健康教育的过程中，许多内容涉及疾病的病理、生理变化、检查结果及转归等，如护理人员专科知识不足，又与医生、其他人沟通交流不够，容易造成教育内容或口经不一致，甚至出现与其他人相互矛盾的现象，这样不仅病人对医护人员的信任度下降，而且还可导致医患纠纷。

（三）健康教育能力与技巧不足导致护患纠纷

健康教育是一门涉及多学科的应用学科，这些学科在健康教育活动中相互渗透、相互补充。如果护士缺乏相关专科疾病护理以及心理学、伦理学、社会公共关系学的知识，并且缺少健康教育理论知识的学习和专业技能的培训，将难以对患者实施完整的健康教育，将使病人产生不满情绪。另外在健康教育过程中护士因为沟通解释技巧不当容易导致患者误解，激发护患矛盾。护士对该保密的内容进行了讲解，如对实行保护性医疗的癌症患者，护士无意中对化疗药的作用进行讲解时可能泄露患者病情，从而加重患者心理负担，加重病情甚至引起患者自杀等不良后果，从而导致法律责任问题。

二、健康教育法律问题的应对措施

（一）加强培训，提高技能

健康教育是一个全新知识和技能领域教育，临床护士只有不断更新知识，掌握健康教育必备的技能和技巧，才能适应健康教育工作的需要。一方面，通过岗前培训、职业道德教育、礼仪培训等宣传教育活动，使护理人员树立现代护理观，明确健康教育的重要性和必要性，主动履行健康教育职责。另外通过短期培训、学术讲座等不同形式进行健康教育知识与技能的学习、使护理人员掌握健康教育的程序，按程序有组织、有计划地开展健康教育；掌握护患交流的技巧，以适当的教育方法，获得患者的信任。最后护理工作者要加强自修、自学，掌握丰富的知识，包括专科护理知识、心理护理，康复护理，疾病预防、卫生保健、药理学、营养学，行业科学、伦理学、医学新进展等知识，才能具备健康教育的能力。

（二）分工合作，营造和谐

医生、护士健康教育在内容、范围上应该各有侧重，并形成常见疾病的健康教育规范，如医生主要告知病人病情、治疗方案、疾病转归及预后等，而护士则侧重对病人的饮食营养、预防保健、睡眠、排泄、用药注意事项、功能锻炼等方面进行教育指导。同时护士也应加强与医生的沟通交流，定期性的参与病人晨间查房，了解患者的病情诊断与治疗方案。医护之间密切配合完成治疗计划，促进病人康复。

（三）完善管理，提高质量

医院应进一步运用管理科学对健康教育工作实施全面质量管理，首先是落实责任，实施健康教育目标责任制如制订健康教育长远发展规划和年度教育计划及岗位目标责任制，周密组织计划实施，定期检查和效果评价，及时找出不足，纠正偏差，使健康教育制度化、程序化。其次，制定并实施统一规范的健康教育模式及评价方法，对健康教育进行具体指导及质量控制。通过下科室定时和不定时的检查和抽查，不断发现健康教育中存在的问题，分析原因，反馈到每个执行护士，不断改进健康教育的方法。

护理健康教育贯穿病人入院至出院的全过程，病人接受健康教育既是病人的权利又是医务人员的义务，医护必须分工协作，加强交流沟通，认真履行健康教育义务，不断提高健康教育的水平和效果。

第六节　药品管理

药品是指用于预防、治疗、诊断人的疾病，有目的地调节人的生理功能并规定有适应证或者功能主治、用法和用量的物质，包括中药材、中药饮片、中成药、化学原料药及其制剂、抗生素、化学药品、放射性药品、血清、疫苗、血液制品和诊断用药品等。药品安全是重大的民生和公共安全问题，事关人民群众身体健康和社会和谐稳定。

一、药品管理相关法律制度

2001 年 2 月新修订的《药品管理法》和随后公布的《药品管理法实施条例》是目前我国药品研制、生产、经营、使用和监督管理的基本法律法规，其实施以来，对于保证药品的质量，保证人民用药安全，打击制售假药、劣药等违法违规行为，发挥了重要的作用。我国刑法对生产、销售假药、劣药等违法行为也做出了相应的处罚规定。我国还制定并颁布了《麻醉药品与精神药品管理条例》、《医疗用毒性药品管理办法》、《处方药与非处方药分类管理办法》、《药品不良反应报告与监测管理办法》、《国家基本药物目录管理办法》、《医疗机构药品监督管理办法》等相关条例与办法，对药品生产、使用等各个环节进行全面管理。

为了贯彻落实《中共中央国务院关于深化医药卫生体制改革的意见》和《国务院关于印发医药卫生体制改革近期重点实施方案(2009－2011 年)的通知》，加强基本药物质量监督管理，保证基本药物质量，依据《药品管理法》、《药品管理法实施条例》等法律法规，2009 年 9 月 22 日国家食品药品监督管理局发布了《关于加强基本药物质量监督管理的规定》。规定要求国家和各省级食品药品监督管理部门开展基本药物的评价性抽验，进一步加强对城市社区和农村基本药物质量监督管理。

二、护士在药品管理中的法律问题

病房药品管理是医院药品管理的重要组成部分，也是医疗护理工作的重要内容，病房存在大量的药品管理工作，而药品管理工作主要由护士进行。为了患者能及时用药，医院各病房都根据临床工作的特殊需要储备了一些不同种类的药物，包括抢救药品、毒麻药品、一类精神药品以及患者临时使用的常用普通药品。

病房药品管理的好坏会直接影响到医疗安全，甚至诱发相关的医疗纠纷。如抢救药物没有及时补充而延误病人的抢救属于严重的护理责任事故，护士可能因此被告上法庭。因未定期检查病房存放药品的有效期，将一些过期变质的药物用到病人身上，造成病人人身伤害护士应承担相应的法律责任。

三、护士加强药品管理的相关对策

（一）急救药品管理

急救用药品为抢救急危重症患者所用，必须妥善严格管理，保证做到随用随上，不能延误抢救应用。

1.急救药品必须置于急救车或专用急救柜指定区域或位置存放，便于临床应急使用，工作人员不得擅自取用。

2.各科室抢救车的急救药品按要求统一配备，专科急救药品须经科主任审核定出种类数量规格剂量配备。根据药品种类与性质（如针剂、内服、外用、剧毒药等）分别放置、编号定量、定位存放，逐班交接，每日清点，专人管理，保证备用状态。

3.定期检查药品质量，防止积压变质，按药物失效期的先后放置和使用。如发生沉淀、变色、过期、药瓶标签与盒内药品不符，标签模糊或经涂改者不得使用。

4.抢救结束后，应及时清点、补齐药品，如因特殊原因无法补齐时，在交班登记表上注明并报告护士长协调解决，以保证抢救患者时能及时使用。

（二）病区基数药品管理

1.病区内基数药品应根据临床需要保存一定基数，供住院患者临时医嘱使用，其他人员不得私自取用，基数药品的清单应一式两份，一份由药房保存，另一份由科室保存。

2.基数药品应定位、定点、按药品种类摆放，药品应贮存在光线好且易取的地方，需避光保存的药品，应放在避光包装容器内保存。口服药必须原瓶或原盒包装存放，药瓶内不能混放不同规格、片型、颜色的药片，药瓶内不能存放性质不稳定的药品。

3.基数药品应指定专人管理，负责领药、退药、保管、检查等工作。定期检查药品数量、质量和有效期并记录，近有效期药先用。如发现药品有污染、变色、过期、瓶签模糊或有涂改，不得使用并报药房处理。每日当班清点，用药后及时补充，以保持在规定的基数，保证随时可用。

（三）特殊药品管理

特殊管理药品是指麻醉药品、精神药品、医疗用毒性药品和放射性药品。依照《药品管理法》及相应管理办法，对这些药品实行特殊管理。

1. 特殊药品保管应专柜加锁、专人负责、专册登记。剧、毒、麻药品应有醒目标识，数量固定，班班交接并签名。病房毒、麻药品只能供住院患者按医嘱使用，其他人员不得私自取用、借用。毒、麻药品应使用专用处方开写，项目填写齐全，字迹清楚，医生签全名。麻醉药品处方保存三年备查，精神药品和医疗用毒性药品处方保存两年备查，并做好逐日消耗记录和旧空安瓿等容器回收记录。

2. 毒、麻药品要定期检查，如出现变质、过期应及时更换。建立完善的特殊药品报废销毁制度，原则上失效、过期、破损的特殊药品每年报废一次，由药剂科统计，医院领导批准，报市卫生局监督销毁。放射性药品使用后的废物，必须按国家有关规定妥善处理。

第七节 医疗废物管理

医疗废物是指医疗卫生机构在医疗、预防、保健以及其他相关活动中产生的具有直接或者间接感染性、毒性以及其他危害性的废物。分为感染性废物、病理性废物、损伤性废物、药物性废物和化学性废物共 5 类。

一、医疗废物管理的相关法规

为了加强医疗废物的安全管理，有效预防和控制医院感染，确保医疗安全，防止因医疗废物导致传染病传播和环境污染事故发生，保障人体健康，2003 年 6 月国务院制定了《医疗废物管理条例》，条例对医疗废物的收集、运送、贮存、处置以及监督管理做了详细的规定。《医疗卫生机构医疗废物管理办法》于 2003 年 10 月经卫生部制定并发布，该管理办法内容包括医疗卫生机构对医疗废物的管理职责、医疗废物的分类收集、运送与暂时贮存、医疗机构人员培训和职业安全防护以及监督管理与罚则等。另外根据《中华人民共和国传染病防治法》、《中华人民共和国固体废物污染环境防治法》和《医疗废物管理条例》，国家环境保护总局制定了《医疗废物管理行政处罚办法》，该办法于 2004 年 6 月 1 日起施行。

二、医疗卫生机构医疗废物管理制度

（一）医疗卫生机构应当建立、健全医疗废物管理责任制

其法定代表人为第一责任人，切实履行职责，防止因医疗废物导致传染病传播和环境污染事故。应当制定与医疗废物安全处置有关的规章制度和在发生意外事故时的应急方案；设置监控部门或者专（兼）职人员，负责检查、督促、落实本单位医疗废物的管理工作。

（二）医疗卫生机构应当对本单位从事医疗废物收集、运送、贮存、处置等工作促进行管理

对相关工作人员和管理人员，进行相关法律专业技术、安全防护以及紧急处理等知识的培训，并且采取有效的职业卫生防护措施。为从事医疗废物收集、运送、贮存、处置等工作的人员和管理人员，配备必要的防护用品，定期进行健康检查；必要时，对有关人员进行免疫接种，防止其受到健康损害。

（三）医疗机构应当对医疗废物进行登记

登记内容应当包括医疗废物的来源、种类、重量或者数量、交接时间、处置方法、最终去向以及经办人签名等项目，登记资料至少保存3年。

（四）医疗机构应当采取有效措施

防止医疗废物流失、泄漏、扩散。发生医疗废物流失、泄漏、扩散时，医疗卫生机构和医疗废物集中处置单位应当采取减少危害的紧急处理措施，对致病人员提供医疗救护和现场救援；同时向所在地的县级人民政府卫生行政主管部门、环境保护行政主管部门报告，并向可能受到危害的单位和居民通报。

（五）医疗卫生机构应当及时收集本单位产生的医疗废物

并按照类别分置于防渗漏、防锐器穿透的专用包装物或者密闭的容器内；建立医疗废物的暂时贮存设施、设备，不得露天存放医疗废物；医疗废物暂时贮存的时间不得超过2天；使用防渗漏、防遗撒的专用运送工具，按照本单位确定的内部医疗废物运送时间、路线，将医疗废物收集、运送至暂时贮存地点。

（六）医疗卫生机构应当根据就近集中处置的原则

及时将医疗废物交由医疗废物集中处置单位处置。不具备集中处置医疗废物条件的农村，医疗卫生机构应当按照县级人民政府卫生行政主管部门、环境保护行政主管部门的要求，自行就地处置其产生的医疗废物。自行处置医疗废物应当符合下列基本要求：

1. 使用后的一次性医疗器具和容易致人损伤的医疗废物，应当消毒并作毁形处理。

2. 能够焚烧的，应当及时焚烧。

3. 不能焚烧的，消毒后集中填埋。

三、护士在医疗废物管理中的责任与要求

护理人员是接触和处理医疗废物的主要人员之一，应该严格按照《医疗废物管理条例》、《医疗机构医疗废物管理办法》及医院医疗废物管理制度的规定执行医疗废物管理，否则造成医疗废物的泄露、流失与扩散，将要承担相应的法律责任。

（一）正确收集医疗废物

科室有相对固定的医疗垃圾暂时存放点，暂时存放点标识分类收集方法的示意图或者文字说明。护士应该将医疗废物与生活垃圾分开放置于指定容器，医疗废物包装袋（箱）颜色为黄色，生活垃圾包装袋为黑色。并将医疗废物按输液管、注射器类、玻璃器皿类、组织血液样本、试管或其他类进行分类，并且将废弃的锐器如刀片、注射针头毁型后放入专门的锐器盒。在进行肌内注射，拔出静脉针等操作后，对按压在针眼处棉签或贴消毒棉的胶布进行回收处理，防止发生医疗废物泄漏、流失与扩散。

（二）正确清理医疗废物

盛装的医疗废物达到包装物或者容器的3/4时，由临床科室卫生员采用有效的封口方式进行封口，然后在每个包装袋（箱）上粘贴警示标识、医疗废物类别的中文标签，并填写中文标签的内容：科室、交接班日期、医疗废物类别、经手人签名。每天医疗废物交接完毕后，科室工作人员对医疗废物暂存地进行清洁和消毒。如果是传染病病人或者疑似传染病病人的医疗废物应当使用双层包装物，并及时密封，其排泄物应当严格消毒后方可排入污水处理系统。

（三）处理医疗废物时加强职业防护

医疗废物若不能以妥善的方式进行收集处理，将对护理人员自身造成极大危害，因此在进行医疗废物分类与处理中，护士要加强自我防护，防止职业暴露。注射器、头皮针等使用后不要回套针帽，直接将其毁形后放入锐器盒。包装袋（箱）的外表面被感染性废物污染时，应当对被污染处进行消毒处理或者增加一层包装袋。在处理血液、体液或污染物等废物时应该佩戴手套、口罩等防护用具，并且在处理医疗废物后及时洗手。在处理医疗废物过程中一旦发生了职业损伤，应按照相关流程进行处理，将伤害降低到最小程度。

☞ 【案例一】

护士小刘，23岁，在神经外科工作，一日为一位35岁女性昏迷患者进行晨间护理时，发现患者机体皮肤不洁，有异味，然而在没有征得患者及患者家属同意的情况下，为其进行床上擦浴。在擦浴过程中，护士刚为患者脱下衣服，准备擦浴，患者丈夫便来到病房，发现护士脱下患者衣服，当时很生气，不仅当场批评了护士，而且把这事闹到了护理部。小刘也因此受到护理部的处罚。

问题：1.引起该起纠纷最主要的原因是什么？

2.如果你是护士小刘你应该怎么做？

☞ 【案例二】

患儿，洁洁，6个月，因发热、咳嗽三天入院治疗，医院以肺炎收住入院。入院当天输液结束后，洁洁睡着了，妈妈想趁这个时间出去买点生活用品。出去购物之前，她找到护士小李，并要求她帮忙照看一下孩子。当时，小李正在玩手机，也没有了解情况，便答应了。待患儿妈妈离开大概20分钟后，小李便听到孩子的哭声，来到病房，发现孩子坠落到床下，而且鼻子还在流血。事后，患儿妈妈把小李护士告到护理部，并要求医院给予赔偿。

问题：1.引起该起纠纷最主要的原因是什么？
　　　2.怎样避免类似的事情发生？

☞ 【案例三】

某医院外科，一病人因术前病情需要作钡餐及CT检查，医生开好2张申请单后交给护士。为了尽快做完2项检查如期手术，责任护士安排送检人员先送病人作钡餐后带病人作CT。因为钡餐需要空腹，预约时间是次日早晨8点，而CT预约的时间是10点。结果作CT时，检查人员发现病人胃肠道充满钡剂无法作检查，只好让病人回科室，3天后钡剂排空再检查，导致手术延迟1周。病人家属以护士业务不熟、安排不当导致病人手术延迟，延长住院时间，要求医院给予赔偿。

问题：1.引起该起纠纷最主要的原因是什么？
　　　2.临床护理工作中怎样避免类似的事情发生？

☞ 【案例四】

患者邓奶奶，73岁，瘫痪18年，还要忍受类风湿、高血压、关节炎、缺钙抽筋等疾病的折磨。她曾无数次在不同的人面前，说到"想死"，"为什么老天爷还不把我收了去？"儿子邓明建20年如一日，细心服侍母亲，毫无怨言。"你妈要上厕所了，快回来！"村里的人常听到邓明建的父亲大老远向着田里干活的儿子喊话，邓明建马上放下手中的活，"飞"到母亲身边。十里八乡都赞他是个"孝子"。2011年5月16日，邓母又一次摔伤后，病情恶化，她再次严厉要求儿子为其买农药，让她永远安静地睡去，邓明建这一次服从了母亲求死的"命令"。而他，也因此站上了被告席，被判处有期徒刑3年，缓刑4年。

问题：1.你怎么看邓明建帮助母亲安乐死这一事件？
　　　2.安乐死立法的意义有哪些？

【案例五】

患儿，2 岁，男性，因发热来院就诊，T：39.4℃，诊断为急性呼吸道感染。医生为孩子开了退热针和病毒唑肌肉注射，但注射后针口就不停地出血，压迫长时间后局部出现了一个鸡蛋大小的紫红色血肿。护士嘱家属热敷，患儿家属遵护嘱热敷后血肿扩大，医生查房嘱立即冷敷，遂引起患儿家属不满并状告护士。

问题：如何避免上述问题的发生？

【案例六】

2012 年 12 月 3 日晚，某院急诊科收治了 1 例甲胺磷中毒病人。值班护士在给患者洗胃时，患者突然出现意识丧失，心跳停止，经竭力抢救无效死亡。在场的家属认为是洗胃造成病人死亡，大闹急诊室。洗胃过程中发生心脏骤停是洗胃并发症之一，其原因可能是由于胃管对食道以及胃的机械性刺激，病人反复的恶心呕吐和胃张力的增加，使迷走神经过度兴奋而诱发心脏骤停。但是由于值班护士在洗胃前没有向患者家属交代洗胃的风险，而且事后当出现意外情况时，护理人员站着不动，并没有更多地与患者家属进行解释和沟通，导致患者家属对诊疗医生和护士大打出手，致使纠纷产生。

【案例七】

宋某，系河南省辉县市某医院内科医生。2011 年 7、8 月份，宋某利用其身为医院内科主任，有权开具麻醉药品处方的工作便利，采用以住院病人名义开具麻醉药品处方和私自从内科护士办公室取出备用麻醉药品的方法，先后 4 次（每次 2 支）将麻醉药品杜冷丁共 8 支（每支 100mg规格），以每支 100 元的价格提供和出售给吸毒人员陈某使用。

法院认为，被告人宋某身为有权开麻醉药品处方的医生，违反国家规定，以谋利为目的，多次向注射毒品人员提供麻醉、精神药品，其行为已触犯刑律，构成贩卖毒品罪，情节严重，应予惩处。被告人提出的受到威胁才为陈某提供杜冷丁的辩解意见，以及辩护人提出的被告人的行为不属贩卖的辩护意见，无事实和法律依据，不予采信。鉴于被告人自愿认罪，具有悔罪表现，适用缓刑后确实不致再危害社会，可以宣告缓刑。

☞ 【案例八】

　　2010 年 9 月 17 日，江西省泰和县人民法院审理了一起人身损害赔偿纠纷案，经调解，被告赵某于 2010 年 9 月 30 日前支付原告樊某赔偿款 4 万元。

　　2009 年 7 月 16 日，8 岁的原告樊某和几个同学放学后一起回家，途经原告赵某诊所（在路边）附近约 10 米的一棵大树，大树一侧是道路，另一侧有一个大坑，大坑里堆满了村民的生活垃圾，还有废弃针筒、弯曲的针头等医疗废物。原告和同学去垃圾坑里拾捡针筒、针头当玩具。回家后，原告将藏在文具盒中的针头拿出来玩，不小心将自己右眼刺伤导致右眼失明，七级伤残，先后共花费 21200 元，原告遂起诉要求被告赵某承担各项损失共计 7 万余元。庭审中，被告认为已将针头弯曲以减低其危险性，且以土掩埋，被告并无过错；原告发生身体伤害事故是其自己贪玩、监护人未尽监护职责造成，被告不承担责任。

　　一审法院审理认为，按照国家医疗废物处理规定，医疗废物不得混同生活垃圾，不得露天暂存，必须深埋或焚烧。被告赵某并未按照国家规定处置其诊所产生的医疗废物，将针筒、针头等随意倾倒于垃圾坑，未深埋，亦未设置警示，致使年幼的原告身体受害，存在过错，应承担侵权赔偿责任；而原告系未成年人，其监护人未对其人身尽到监督和保护职责，亦承担部分责任。经调解，原、被告达成上述调解协议。

思考与练习

1. 护士在进行健康教育过程中涉及的法律问题有哪些？
2. 谈谈如何提高健康教育水平和效果？
3. 我国药品管理相关法律有哪些？
4. 试述病房急救药品管理要求。
5. 医疗废物如何分类？
6. 护士如何做好医疗废物管理？
7. 试述脑死亡的哈佛标准。
8. 加快我国脑死亡标准制定以及相关立法的意义？
9. 什么是安乐死？安乐死适用的对象？
10. 试述安乐死立法的现实意义。

（朱葵阳）

第六章 专科护理中的法律问题

学习目标

1. 熟悉急症急救与重症监护护理、手术病人、老年病人、精神病人、肿瘤病人、传染病人及母婴保健护理中的法律问题。

2. 能正确处理及应对专科护理过程中的法律问题。

名言导人

由于有法律才能保障良好的举止，所以也要有良好的举止才能维护法律。

——马基雅弗利

第一节 急症急救与重症监护护理

一、急症急救中的法律问题

急诊科是医院的窗口，24 小时对外开放，是对病情紧急的患者及时诊治、处置的场所，也是患者和医护人员之间最容易产生矛盾、医疗纠纷和患者投诉的场所。急诊科护理工作任务重、压力大，与患者接触的每一过程直接关系到医院的声誉和形象。随着医学模式的改变，人们健康意识水平的提高，医疗护理活动日趋复杂，对急诊护理工作的要求越来越高，急诊科潜在的护理安全问题也相应增多，护理管理者应及时发现安全隐患，主动采取防范措施，控制或消灭不安全因素，避免医疗纠纷和事故的发生。

(一)院前急救疏忽大意

1.接听呼救电话不详或出诊不及时，未详细询问患者病情、居住地址，抢救物品准备不齐，救护车空跑，或由于医护人员时间观念不强，未及时赶到医院出诊，延误抢救时机。

2.到达现场后护理体检不认真，造成对病情评估不准确。

3.在院外急救执行医生口头医嘱用药后未将空安瓿保留随意丢弃。

4.途中转运交代不详，未签订转运同意书，未向患者或家属交代途中出现的危险，如窒息、休克、血压下降、呼吸心跳骤停等情况，转运过程中护理人员责任心不强，未及时观察抢救措施进展情况及患者病情变化，以致患者液体外渗造成肢体肿胀，导管扭曲、脱落，甚至有的病人呼吸心跳何时停止均不知道，使病人失去抢救机会。

（二）院内疏忽大意

患者在急诊科就医过程中，护理人员不认真履行职责，不严格执行规章制度和护理常规，违反操作规程，擅离职守，给患者带来伤害或者造成严重后果。

1. 不执行查对制度，给患者打错针、加错液。

2. 护士违反操作规程，操作时不戴口罩，不按时给昏迷患者翻身造成皮肤压疮。

3. 护理人员不认真履行职责，不及时巡视病房，患者病情变化未及时发现。

4. 值班人员擅自离岗，造成急救电话不能及时接听、急危重患者抢救不及时导致死亡。

5. 预检分诊护士对患者病情询问不仔细，造成分诊不准确等。

（三）设备设施因素

急诊科设施设备的配备标志着医院救治水平的高低，但设施设备老化、使用不当、故障，护士单纯依赖医疗仪器，尤其在转运病人途中仪器显示结果误导工作人员，给正确评估病情带来隐患。

（四）护理技术因素

随着新技术、新项目、新仪器大量引进与开发，护理工作中复杂程度和技术要求相应增高，如不能及时地根据技术进步与专业发展的情况通过有效的途径和方法提高护理技术水平，会给护理人员形成较大的工作压力，而且导致护理工作技术方面风险加大，影响护理安全。

（五）法律因素

近年来，医疗纠纷日益增多，既严重影响正常医疗秩序及社会的稳定，又使医患双方的权益两败俱伤。急诊科是对急危重症患者进行紧急诊治和护理的场所，较其他医疗场所具有更多潜在的法律问题，更容易产生医疗纠纷。

（六）管理因素

急诊科管理制度不健全、业务培训不到位、设备物资管理不善、职业道德教育薄弱、管理监督不力等影响护理安全的组织管理因素是发生纠纷和事故的主要原因，也是对患者安全最大的威胁。

二、急症急救中法律问题的对策

（一）增强院前出诊护士的急救意识，提高院前急救护理技术水平，定期对护理人员进行急救知识和急救技能培训，并进行考核。

（二）认真接听呼救电话，接到呼救电话后，应详细询问患者的病情、性别、年龄、家庭住址、电话、街道、门牌号及附近有无明显的标志或建筑物，弄清患者所在的具体位置，并根据患者的病情准备必要的抢救物资。

（三）保持通讯畅通，发现异常情况，及时与医院取得联系。

（四）认真学习医院管理的各项标准，严格执行医疗规章制度，加强三基、三严培训，从思想上认识到护理工作是慎重的工作，认真做好三查八对、一注意，尤其在院外急救用药中，医生下达口头医嘱后，护士必须执行三清一核对的用药原则，即听清、问清、看清药物的名称、剂量、浓度，与医生核对，严防差错事故发生。用过的空安瓿应暂时保留，以便核对。

（五）加强设施设备的管理，制定仪器设备使用操作规程及保养使用档案，每天专人对仪器进行常规保养并检查其性能是否处于完好备用状态。使用后及时清洁处理、消毒放回原处，保证使用安全及时。

（六）加强新业务、新技术的学习，急诊科护理人员应刻苦钻研业务技术，以自强不息的精神不断学习，充实和提高自己。

（七）加强法律、法规的培训，加强法律知识的学习，懂得在工作中如何应用法律手段保护患者和自己。因院前急救具有较高风险性，护士只有懂得法律，在工作中才能维护护患双方的合法权益，才能从根本上解决冲突的发生。

（八）规范管理体系有以下两项：

1. 积极完善护理安全管理措施，规范各种技术操作规程和护理核心制度，每一项新业务、新技术、新设备、新护理用具在临床使用前均应制订护理操作规程和安全管理制度，并根据急诊科工作情况及时进行补充和修订，使护理安全工作制度化、程序化、规范化，做到各项护理操作有章可循，从制度上保证护理工作安全的落实。

2. 落实护理安全检查措施，建立以护理部—科护士长—科室护士长为主体、全体护士参与的护理安全检查体系，落实各级检查，是保证安全管理制度贯彻的关键所在。各级检查者及时将工作中查出的安全隐患逐级上报，完善防范措施，使护理安全管理工作做到层层把关，每个环节不疏漏，从组织形式上确保护理工作安全、高效地运行。

三、重症监护中的法律问题

随着科学的发展，社会的进步，人民群众的自我保护意识和法制观念日益增强，利用法律武器维护自己的正当权益的要求已逐渐成为人们的常识。据相关调查结果显示：由于 ICU 环境封闭，收治病人的特殊性，医疗护理中碰到的纠纷与法律问题越来越多，护士还没有充分认识到护理工作中的每个环节都潜在着法律问题，因而护理纠纷也日趋上升。因此为了提高护士的法制观念，强化法律意识，提高抗风险能力，医院要重视法制教育，提高护理人员的法律意识，在法律层面上保证危重病人的护理质量和医疗安全。

ICU 护理工作中常见的法律问题：

（一）患者方面

1. 侵权行为。由于不设陪护，护士与患者的接触最为密切，如随意谈论患者的隐私或病情，造成扩散，都视为侵犯了患者的隐私权等。

2. 患者个人方面。由于种种原因患者不能很好的配合治疗和护理。

3. 忽视患者的平等权和知情同意权。

（二）护士方面

1. 未经医嘱给药和非抢救情况下执行口头医嘱，如深夜患者主诉入睡困难，护士不通知睡觉的值班医生，擅自给患者用安眠药或遵从既往医嘱给予相应的药物。护士将患者的病情变化告知值班医生后，由于某些原因医生不到床头查看病人，就口头医嘱给药，明知非抢救情况不执行口头医嘱，但碍于情面护士也执行了。

2. 护理过失，如没有严格执行消毒隔离制度导致交叉感染发生；没有严格执行"三查七对"制度，导致发错药、打错针、抽错血等。

（三）护理管理制度方面

1. 查对制度不严。护理人员在治疗护理过程中，由于疏忽大意、玩忽职守，易造成护理纠纷。

2. 交接班制度不严。护理工作的性质决定了危重病人要床头交接班。交班的交清，接班的接清，因护理人员的责任心不强，需按时翻身的未能及时翻身，造成压疮的发生，易造成护理纠纷。

3. 巡视制度不严。因护理人员执行制度不严，肢体血液循环差时，未能及时发现，造成肢体坏死截肢，引发护理纠纷。

4. 责任心不强，受伤观念差造成的纠纷，护理人员缺乏爱心，未能急病人所急，帮病人所需，因服务态度不好而引发的护理纠纷。

5. 缺乏扎实的基础理论知识、操作技能不熟练而造成的纠纷。

（四）护理记录中存在的问题

1. 体温单记录不准确、不全。使病案的客观性、准确性受到质疑，影响病案在纠纷中的证据作用。

2. 特别护理记录内容不完整 不按有关规定书写，没有护士、护士长的签名；记录不准确、文字过于简单。抢救过程因繁忙而未记录详细的病情变化导致死亡时间记录不准，有的临终病人甚至没有特护记录单。

3. 医嘱单记录不全、记录错误。《医疗护理技术操作常规》中要求各种检查都应将名称记于医嘱，并写明时间，遇有手术、分娩、转科或需停止以前的医嘱等情况应在临时医嘱栏写明原因、日期。

4.漏记已实施的护理措施,没有养成及时记录的习惯,将患者病情及治疗护理过程的情况漏记。

5.护理记录有涂改,不规范的涂改给人一种不真实或想隐藏信息的感觉。一旦发生纠纷,患者家属就会认为院方有掩饰过失的企图。

6.另外字迹潦草、不清,一段时间后连记录者也难以辨认,不利于举证倒置。

7.护理记录与医生的记录不符。

四、重症监护中法律问题的对策

（一）加强法制学习,增强法律意识

医院要有领导分管普法工作,护理部应有专人负责,并设有专职或兼职法律顾问,举办专题讲座和培训班,护理部要把普法工作与职业道德教育和继续教育相结合,分级分批组织护士长、护士学法,联系现实存在的典型案例进行相关法律知识讲座和评价,还可以开展法律知识竞赛。

（二）实施规范化管理

将各项操作规程、行为准则、规章制度统一规范,以文件的形式下发到科室并按照文件要求严格执行、严格管理。

（三）培养护士沟通能力

沟通贯穿于日常护理工作,应注意以下几方面:

1.倾听患者所谈。

2.学会换位思考,理解患者的感觉。

3.对患者的需要做出及时反应。

4.随时向患者提供健康信息,进行相关健康教育。

（四）加强护理安全管理

护理管理是护理工作顺利进行的保障,管理者要注意规范化管理,合理配置使用工作人员,制定或修订各种规章制度,注意关键环节、关键人员的管理,防范护理风险,加强护理安全。

（五）护理人员言谈、举止的重要性

近年来,医患关系的紧张,医疗纠纷的上升已成为社会的热点,医学人文的欠缺也是造成纠纷上升的重要原因。护士与患者接触时间最多,护士的一言一行,举手投足都可能影响到护理信息的传递与接收。因此护士要注意对待病人的态度、方式、技巧。

（六）依靠证据维护护理安全

如发生医疗纠纷,完整、可靠的护理病人监护记录可提供当时诊治的真实经过,是重要的法律证据,一旦发生法律问题,可以以此为证据进行法律辩解。在执行输液、打针、输血等操作发生问题时必须对现场实物包括残留液、安瓿等立即进行封存并送检，用事实和证据来证明护理的无过失，是保障护理安全的又一措施。

第二节 手术病人护理

一、手术室护理中的法律问题

手术室是相对封闭而风险性高的科室，手术室护理工作中涉及多项法律问题。如患者基本生命权、知情同意权、隐私权、保密问题等。护士要学会做到既维护患者合法权益，又保障手术顺利进行，同时维护好自身合法权益，避免纠纷。

（一）与患者权益发生冲突

1. 维护患者生命与保证健康发生冲突。由于伤病的严重及复杂性，在手术或抢救过程中，常会遇到抢救患者生命与保证身体完整及脏器或肢体功能损害的矛盾，如外伤性脾破裂、因车祸造成多发性骨折、大面积烧伤等。

2. 知情权与保密需要发生冲突。随着人们自我保护意识的增强，知情同意已成为医务人员必须尊重的患者权利之一。

3. 暴露手术与保护患者隐私相矛盾。

（二）护理差错事故发生

1. 违反查对制度

（1）接错患者，摆错手术部位。

（2）器械清点不清致纱布或器械遗留在患者体内。同时《医疗差错事故处理办法》中也规定，由于寻找手术物品影响手术进行超过30分钟者应定为差错。

（3）输血查对不清。

（4）术中用药不详，执行口头遗嘱太轻率。

2. 手术护理记录单内容含糊或与麻醉记录、手术记录有出入，少记、漏记、错记、涂改，甚至缺少某些记录单，都是引发手术室护理纠纷的隐患。

3. 术中医嘱。在手术室，有大量的临时医嘱需要护士执行，如使用抗生素、化疗药物、部分镇静剂及腹腔冲洗等。即使同一类药物其用途也不同，如抗生素在术中可以静脉输入，稀释后冲洗创面，粉剂涂抹创面等。从提高自我保护意识，防范护理纠纷的角度出发，术中临时医嘱的执行也应留下客观的记录。

4. 手术体位安置不当引起的并发症，由于患者手术时间较长，肢体局部受压过久，血液循环受阻，引起局部组织压疮。肢体过度伸展、旋转导致神经损伤，或因衬垫不当引起呼吸困难等。

5. 电灼伤患者。

6. 送检标本遗失。

7. 消毒隔离应注意以下两点：

1）术中严格无菌操作原则：手术者脐以下为污染区域，污染后的物品必须更换和重新灭菌。术中如果切开胃肠之污染器械应置于弯盘之内，以区别其他无菌物品。避免身后和横向传递器械、物品。术中手套刺破或被污染须及时更换。

2）对传染病患者，术后一定要严格消毒隔离制度处理。如在同一时期出现多个手术后患者类似的感染现象，手术室有不可推卸的责任，医院也将承担相应的法律责任和经济损失。

（三）配合手术与带教的矛盾

老师带学生上台手术，如安排不当，会影响手术配合。

（四）毒麻药的使用

手术室是毒麻药使用最多的科室。

（五）直面纠纷

由于手术室工作的高度紧张性及复杂性，有时难免发生医疗护理缺陷，甚至差错事故。

二、手术室护理中法律问题的对策

（一）维护患者生命与保证健康发生冲突时

护士首先要协助麻醉师和手术医生做好抢救的配合，如输血、输液、氧气吸入等。如果放置的手术体位影响抢救时应服从抢救需要，不要一味强调脏器和肢体功能位，待生命体征平稳后再调整。

（二）知情权与保密需要发生冲突时

如果病情给病人知道会发生不良影响时，要暂时向病人保密，在与患者家属接触时，亦不能将患者的隐私随意告知患者家属，以免损害患者隐私权及造成其家庭矛盾。在手术时不要说与做手术无关的话和事，特别是不能谈论患者的病情，即使是全麻患者，在某些程度上患者的听力依然存在。

（三）暴露手术与保护患者隐私相矛盾时

首先要保证手术能顺利进行，并由一名护士在病人身边，分散其注意力，亦可以待病人失去知觉后再予以暴露。

（四）护理差错事故的防范措施有以下 7 个方面：

1. 严格执行规章制度。从患者进入手术室的那一刻起，护理工作每一步都必须做好查对。首先是查对患者的姓名、年龄、床号、科室、性别、诊断、手术名称、手术部位。再者是患者体位、患者的肌肤有无损伤；术前、术中、术后的器械敷料的查对，用药、输血的查对。每一个环节都必须有两人两次以上认真核对，无误后方能进行下一个环节。

2. 手术物品的管理。医生、护士都有责任，常规中明确规定手术物品的清点要由器械护士、巡回护士、手术医生共同参与。在关闭体腔或切口前，手术护士要保证物品数目准确，手术医生要认真检查体腔或切口，确保体内无异物存留。

3. 明确手术记录单的内容。重点记录术中使用无菌包是否消毒合格，器械、敷料、缝针等清点情况，术后患者标本留送和患者离开手术室后的去向等。

4. 建立术中医嘱本。患者进入手术室后，巡回护士根据患者的术前医嘱，查对患者的药物皮试结果和所带药物的种类、数量。巡回护士执行医嘱后，填写执行时间和执行者签名。可先执行口头医嘱，术毕，由医生补开，护士填写执行情况。

5. 手术体位的安置以既符合手术操作要求又不过分妨碍患者的生理功能为原则。

6. 防止灼伤。使用电刀时电刀负极板与患者皮肤接触时，注意平整放置，保证接触面积，宜放在肌肉丰富处。随时检查，注意观察皮肤情况。

7. 加强标本管理。标本常规要求一般的病理标本应由器械护士妥善保留，术后将标本放入固定液容器内，贴上标签，填好通知单。术中无论取下任何组织都要询问医生是否留取标本，不可自行处理或弄丢弄错。同事病理标本应专人送检，登记齐全，送检人和收标本人要登记签名。

（五）当配合手术与带教发生矛盾时，我们要正确处理

1. 术前带教老师要向学生讲解手术的配合要点，学生要预习手术流程，掌握配合的基本技巧，如如何铺台、穿针、传递器械等。

2. 上台后，要尽量减少语言交流，老师应更多的运用眼神、手势来带教，以免干扰手术的正常进行。当手术进行到关键步骤时，要停止带教，全力配合手术。

（六）手术室使用毒麻药时

要严格管理，规范使用。有管理制度并严格执行，做到专人、专柜保管，专册登记。使用前须双人查对，有书面记载，如抢救中使用，必须唱对，以免用错，用后保存药瓶，待手术结束后再次核对。

（七）发生直面纠纷时

首先要做好各项补救工作，将患者的伤害减少到最低程度，并保管好原始材料向领导汇报，切不可惊慌失措，隐瞒事实真相。

第三节　母婴保健护理

近年来，随着国家法制建设的不断完善，医学知识和法制观念的普及，病人的法律意识及经济意识不断增强，投诉和付诸于法律的纠纷也呈上升趋势。尤其从 2002 年 9 月 1 日起，在医疗侵权诉讼中，实行"举证责任倒置"，这是我国医疗市场改革的一项重大举措，也是向国际接轨又迈进的一步。这就要求每一位护士必须加强法律知识的学习，了解国家的相关法律、法规，熟悉工作中存在的潜在性法律问题，更好地履行责任，保护病人和自身的合法权益。

一、母婴保健护理中的法律问题

(一)护理文书中潜在的法律问题

护理文书是严肃的法律文件，要求书写准确、及时、完整，它包括体温单的填写、执行医嘱后的签字记录及新生儿护理记录等。其潜在法律问题表现如下：

1. 体温单的入院时间应和医生记录一致，可反应入院时孕妇状况和医务人员处理的及时性，对体温单上的体温，有些护士责任心不强，随便填写，容易延误治疗时间，如初产妇产后由于乳头发育不良(过小或内陷)妨碍哺乳及乳汁过多或婴儿吸乳少，乳汁不能完全排空造成全身发热，体温出现改变，而体温单上都显示正常，未引起医生重视，导致乳汁淤积甚至发生乳房炎，护士将负一定责任。

2. 医嘱是护士执行治疗的依据，护士无故不执行医嘱易被起诉。如护士处理临时医嘱时不执行查对制度，漏抄输液治疗卡而在临时医嘱本上签写执行者姓名及执行时间，致使孕妇未能得到治疗，如因此发生胎死宫内的严重后果，护士必须承担法律责任。

3. 新生儿护理记录单每天要详细记录喂养、排便次数及脐带是否干燥、有无分泌物，如果护士未能及时询问和检查，随便在新生儿记录上填写喂养、排便次数及脐带情况，造成严重后果，护士将有不可推卸的责任。

(二)护理操作中潜在的法律问题

在临床护理工作中护士为了保证操作稳准，必须严格履行《医疗护理技术操作常规》。它是护理技术操作的指南和依据，是具有权威性的法典。一旦出现纠纷，首先查是否按常规操作，违反常规的行为要承担法律责任。其潜在法律问题表现如下：

1. 护士在为胎儿宫内窘迫孕妇静脉点滴 10% 葡萄糖注射液 500 mL 加维生素 C 2.0 g 时，因责任心不强，液体配置时未做到"一看、二倒、三摇、四再看、五拧瓶"的操作步骤，将导致有橡皮塞的液体输给孕妇，尽管孕妇未出现任何临床症状和体征，但由于护士的过失行为，势必给孕妇心理乃至生理造成潜在的不良影响，护士应负有一定的责任。

2.护士在进行病室紫外线空气消毒时，既不明确告诉产妇及家属如何防范，也不为婴儿有效地遮盖裸露皮肤，造成产妇、家属、婴儿面部皮肤灼伤，尽管经积极治疗后痊愈，这位护士也犯了失职过错；如产妇或家属因紫外线灼伤角膜影响视力而起诉，该护士亦要被追究法律责任。

3.护士为新生儿洗澡未严格执行查对制度，手名条、胸牌丢失未被重视又没有认真核对母亲的姓名，抱错新生儿，由于及时发现更正，未给产妇及家属带来精神损害，则仅犯了失职过错；如果抱错新生儿已成事实，那么该护士有可能负民事或刑事责任。

（三）急救药品、设备准备中的潜在法律问题

母婴保健护理工作责任重大，关系到母子生命安全，特别对产后出血、羊水栓塞、重度妊高征等抢救工作必须争分夺秒，急救药品、物品必须做到100％准确到位，抢救设备随时处于完好状态，否则势必会发生相关的法律问题。

（四）孕产妇的隐私权问题

由于产科工作的特点，需要了解孕产妇的婚育史、月经史、既往史（特别是妇科疾病、肝炎、结核等有关病史）及个人史、家族史等。这样就不可避免地会接触到孕妇本人或家庭中的隐私，孕妇为了达到母子平安的目的，会毫不保留讲出自己的隐私。此时孕妇有权要求护士给予保密，而护士必须明确认识到了解孕产妇情况是为了工作需要。因此，护士应持审慎态度，为之保密，若随便谈论，造成扩散，则应视为侵犯了孕妇的隐私权。

二、母婴保健护理中法律问题的对策

（一）提高法律意识，规范护理行为

护士应熟悉护理业务与法的密切关系，了解《护士管理办法》、《刑法》、《宪法》、《民法通则》等，认真学习《中华人民共和国母婴保健法》、《医疗事故管理办法》和相关法律知识，从典型实例中吸取教训，做到警钟长鸣。要分清哪些行为构成侵权，何种后果要承担民事、刑事责任，使护士在执业中学法、懂法、用法，运用法律知识保护自己，自觉在工作中约束自己的行为，尽职尽责地为孕产妇服务，提高护理水平，维护职业形象。

（二）健全完善各项规章制度，在落实上下功夫

医院的各项工作制度和操作常规是保证工作秩序、提高护理质量、防止差错事故及护理纠纷的重要法规。严格执行各项规章制度，做到有章可循是产科护士的基本守则。因此，在临床工作中要确保各项规章制度落到实处，使护士认识遵章也是一种自我保护。做到及时发现问题，消除隐患，防患于未然。

（三）从法律的角度规范护理文书的书写

护理文书是具有法律效力的证明文件，它反映了孕妇入院的全过程，作为护理文书不仅是护理工作的需要，而且在将来可能发生的法律事件中也会发挥重要作用。为此，必须从法律的角度规范护理文书的书写，遵照科学性、真实性、及时性、完整性与医疗文件同步的原则，禁止漏记、错记、涂改及主观臆造、随意篡改等，应严格执行每日查对制度，护士长每周检查各项护理文书并签名，严格把关，各负其责。

（四）急救药品、设备准备到位，不留死角

科室随时都会遇有危重的孕产妇，所以，急救器材、抢救物品、急救药品一定要准备到位。应采取专人负责，每周检查 1 次。检查时，注意常出问题的一些死角，使各项急救器材处于良好的应急状态。

（五）尊重孕产妇的隐私权

提高护士尊重孕产妇隐私权的法律意识，为孕产妇隐私保密，不擅自公开孕产妇的健康状况资料，如曾分娩过畸形儿、曾于婚前有过生育史等；在护理操作中尊重孕产妇的意愿，注意遮挡，主动说明目的、方法、结果，应用正确的方法进行各项操作。

第四节　老年病人的护理

一、老年病人护理中的法律问题

随着社会的老龄化，老年患者对医疗护理的需求不断增加，作为医院护理的特殊群体，由于其生理、心理特征变化及护理模式的转变，普遍存在着越来越大的护理风险。针对老年患者可能面临的风险，要强化安全意识，防患于未然，保证老年患者的安全。

（一）病人因素

1. 老年人生理功能退化，各脏器功能降低，平衡功能出现失调，视觉、听觉、嗅觉、味觉、触觉等功能减退，皮肤形态的改变，再加上老年人体质减弱，免疫功能下降，容易出现跌倒、压疮、烫伤、误吸、药物反应、输液反应。

2. 某些导致晕厥的老年疾病：老年人易患慢性疾病如充血性心力衰竭、高血压病、糖尿病患者低血糖、冠心病、心肌梗死、足疾患、症状性低血压均可导致患者头晕而跌倒。某些急性发作如颈椎基底动脉供血不足和心源性晕厥等都易引起病人跌倒、摔倒。神经功能受损如帕金森病、老年性痴呆等疾病使危险因素增加。

3. 药物因素：特别是镇静、催眠药、抗精神病和麻醉镇静药，常用的抗心衰、抗高血压药都是增加病人摔倒的危险因素。老年人因各器官和组织发生衰老，药物在体内的吸收、分布、代谢和排泄等过程发生改变，再加上免疫功能减退，容易发生药物不良反应、过敏反应。

4.治疗因素：老年人因发病时往往病情较重，常需要插各种管道如尿管、胃管、吸氧管等，因行动不便或看护不力，容易发生管道脱落或自行拔出管道。

5.社会心理因素：由于社会角色、经济来源、疾病久治不愈及反复等因素，使老年人患者病后多有精神和情绪的变化，心理特点表现为孤独、悲观、绝望、忧虑、急躁易怒，个别病人对治疗抱失望的态度，采取自伤的行为，如拔出输液管、导尿管、胃管等。

（二）护理人员因素

1.工作责任心不强：表现为工作态度不严谨，不认真执行操作规程和护理常规，未认真执行护理核心制度，主动服务意识差，未按护理级别及时巡视病人，在治疗护理过程中出现输液外渗、管道脱落、坠床、病情变化等未及时发现，影响护理安全。

2.专科知识水平低下或不熟练。

3.法律意识薄弱：护士在工作中不严格执行各种规章制度，管理人员未制定老年病人护理安全管理制度，不能及时发现护理工作中存在的不安全因素而采取防范措施，对老年人出现的症状未给予足够的重视等。

4.护患沟通能力差：因老年人群体的特殊性，及年轻护士沟通能力差，不能够做到体贴、关心、理解老人，导致老年患者与年轻护士信任感缺失，不愿将心理感受及不适及时告知护士，带来护理安全隐患。

（三）环境因素

走廊、病房无扶手，病房灯光亮度不足，或刺眼；地面积水；病室障碍物过多，不够宽敞；病床无床栏；鞋滑或穿鞋难；厕所设门槛或没有扶手。

二、老年病人护理中法律问题的对策

（一）不断加强护士责任心教育

强调护理人员的慎独精神，加强与护理人员沟通，护士长及时发现不良思想动态及时进行教育，使护理人员树立良好职业道德和职业行为，在护理工作中不断提高自己的慎独精神为病人提供优质的护理服务。

（二）重视护理专科理论及技能培训

有计划组织护理人员学习业务知识，反复训练专业技能，包括老年人的生理、病理变化，心理变化，用药护理，饮食护理，运动，排泄等生活护理，掌握老年人安全护理和并发症护理。掌握老年人常见疾病的护理问题和护理措施。

（三）全面评估，做好预见性护理

全面评估有助于护士及时判断病人危险性，护理人员对住院老年患者进行详细的、全面的评估，找出不安全因素，加强每班评估，对高危险患者予更多的照顾，在病历和床前做标记，以引起医护人员，家属和陪护人员的警惕，预防各种意外事件的发生。重视老年病人的基础、生活、饮食护理，密切观察老年人用药后的反应、病情变化，及时发现老年患者不典型症状，及时汇报并处理。

（四）重视健康教育

护理人员向病人家属提供相关的健康教育知识，让病人家属掌握自我护理方法，告诉患者使用脱水、安眠、抗精神病药后出现眩晕、乏力或走路摇晃应及时报告医护人员；高血压、糖尿病注射胰岛素后、视力障碍、耳聋、烦躁不安的病人让家属陪护，需要帮助时随时按呼叫器叫护士帮忙等。

（五）加强护患沟通，建立良好的护患关系

护士首先要尊重老人，言语要和蔼，称呼要得当，用自己的言行营造和谐的护患关系，多与患者进行交流，真正了解患者的心态和需求，使患者处于最好的心理状态，积极主动配合治疗护理工作，提高患者的满意度。

（六）建立防护措施

走廊有扶手，床四周有护栏，可升降高度，方便病人上下床，病房宽敞，减少各种障碍物，室内光线充足柔和，有夜灯设置；卫生间有呼叫器和扶手，不设门槛，地面应平坦而不滑，工人拖地时要求拧干拖把。

（七）加强护理管理职能

建立老年患者护理安全管理制度，对存在的隐患及护理缺陷进行整理，分析，制定相应的护理安全制度和操作流程，落实各项规章制度，规范各种护理常规，从操作技术、用药安全、感染控制、仪器设备安全、环境安全等方面，进行统一规范。

第五节　肿瘤病人的护理

一、肿瘤病人护理中的法律问题

随着我国法制建设的不断完善，人们的法律观念、自我保护意识日益增强，尤其是肿瘤患者面临着生存时限的局限，反复化疗、放疗，造成精神、体力及经济长期耗费，容易产生悲观、失望等复杂的心理状态，加之媒体不恰当宣传的影响，一旦对医疗、护理、收费工作有疑点，就向医院提出质疑，甚至诉诸法律。长期以来，护士更多的考虑是如何减轻肿瘤患者的痛苦、延长患者的生命，提高生存质量，而忽视了工作中潜在的法律隐患。因此，提高护理人员的法律意识及防范风险的能力,是减少发生医疗纠纷的关键。

（一）护理记录混乱、护理记录与医疗记录的不一致性

护理记录存在主要缺陷为：漏项、漏字、漏签名；涂改、刮痕、字迹潦草；护理记录自相矛盾；缺乏真实性、客观性、及时性、准确性、完整性、动态性和连贯性；护士写错字、忘写、漏写护理内容；为迎合上级检查，重抄或更改原始护理记录，随意签名、代签名等现象普遍存在。例如：患者请假外出或拒绝体温测试时，护士常常为了应付上级部门对病历合格性的检查，随意填写体温和血压数据。当一名护士值班时，有时要负责几十位患者的管理，甚至是两个楼层、整栋楼房患者的治疗与护理工作，仅输液时更换液体一项，就足以使护士忙碌不停，所以顾不上记、少记、漏记等情况的发生在所难免，导致不能及时记录病情变化、治疗抢救护理后再作回顾性记录的情形。如此，一旦出现医疗纠纷，势必造成举证困难甚至举证失败的严重后果。

（二）护士在执业过程中的侵权行为

有些侵权行为在护士的执业过程中是司空见惯的，例如：护士床头交接班时，随意谈论患者的病情、检查结果、家庭史等，还习惯于边口述、边翻动卧床患者，不顾及患者的自尊或不考虑患者是否愿意让他人了解自己的病情。尽管患者在不好意思的情况下，还是脱下裤子提供查看压疮等。传统护理观念认为，交接班交代患者病情是天经地义的，每班床头交接、脱裤子检查患者压疮是必然的，而且是必须交接清楚的。因为患者发生压疮属护理差错缺陷范畴，追究当班护士的责任，但是，这样的惯例行为，实际上已经在忽视或侵犯了患者的人格与尊严、保密权与隐私权。患者因治疗的需要，在日常生活中的诸多方面，往往会受到许多限制。必须告诉患者或家属,说明目的,以取得谅解和配合。比如，对放、化疗后白细胞与血小板减少的患者实行的保护性隔离。如果护理人员因为担心侵犯患者的自由权而对患者放任自由、任其随意外出的话，由此可能会导致引发白细胞低下患者感染性发热和出血。当出现此类医患纠纷时，护理人员将处于不利境况。

（三）医学的复杂性、双重性、特殊性

医疗与护理在帮助患者恢复健康的同时，可能造成患者的痛苦。如给肿瘤患者进行放、化疗时，在杀伤癌细胞的同时，也会杀伤正常细胞，不同程度的造成多脏器功能的损害及骨髓的抑制，引起局部皮肤、组织损伤，深静脉置管虽能减少局部组织损伤，但是也可能出现意外和严重的并发症。而这些意外有时很难预料,伴随在每一次的医疗、护理行为中。医学的复杂性、双重性、特殊性决定了护理职业的高风险性。

（四）肿瘤患者因生存时间的局限易导致医患冲突

肿瘤患者一经确诊癌症后，首先面对的是生存时间的局限，会产生焦虑、抑郁、绝望等情绪。表现为患者的治疗依从性差，从而对医护人员的言语、态度、

行为都十分敏感。因此,护士更要学会慎言、能言、善言。如果医护人员对患者或家属交代预后或表示过于乐观的疗效,甚至夸大治疗效果,而忽视个体差异、医疗过程的复杂性、客观性、风险性,说话不留余地,则会在无意中增加患者及家属对治疗的盲目期望值。一旦医疗效果不理想,甚至人财两空时,家属就可能迁怒于医生和护士,无理取闹。因此,医护人员切勿随意增加患者或家属对疗效的期望值。

(五)日常护理工作中诸多可能被患者起诉的环节

护士在日常工作中,会遇到许多被患者起诉的情况,如:护士的工作量大,工作负荷重,几乎没有时间对患者进行健康教育;有时护士与患者交谈的时间只有几秒钟,没有时间向患者讲解所输液体及药物的名称、剂量、作用、不良反应等;当一名护士值班,正在给某个病房的患者做治疗的同时,无法兼顾另一病房患者的呼叫;一个护士很难同时执行几个医嘱的实施,从而造成医嘱不能及时执行而延误患者的治疗;当一个护士正在抢救和护理时,就可能忽视了其他患者的护理。但是,对于患者来说,一旦入院,就意味着有权无时无刻的享受医疗、护理服务,有权得到医务人员的照顾。上述情形,客观上说,已经在无形中侵犯了患者的权益。

(六)护士在工作中感情用事、模糊职责

护士在工作上易感情用事,不明确自己的职责范围的情形时有发生。如:医生正在休息,当患者要找医生时,有些护士为了不影响医生休息,擅自简单的测量一下生命体征正常后,就凭感觉认为只是患者、家属过于紧张,疼痛就打止痛针,发热只做物理降温,这样的模糊职责处理,可能存在对病情估计不足,严重时会导致延误治疗的后果。有时医生会认为护士大惊小怪,事事呼叫致思想上不重视而下口头医嘱。当医生醒来时,反而不承认所下达的口头医嘱,另外,在未清醒状态下的口头医嘱,有可能是欠正确的,发生问题护士是要负法律责任的。医生实行24h值班制,有些医生在吃饭、洗澡时,交代护士有事就打电话,此时如果患者发生危急变化时,护士就会惊慌失措,医生晚到场的情况,患者就会追究法律责任,医院会追究护士的责任。

(七)个别护士缺乏职业道德、服务精神欠佳

有些护士对患者服务态度冷漠,说话不谨慎,对收费不熟悉,解释含糊其辞,造成患者及家属的不满;有些护士责任心不强,有章不循,不在规定时间内巡视病房,化疗药物输入微量泵开关忘记打开,导致管道堵塞,影响了药物正常输入;护士疏于观察,导致化疗药物渗漏,造成局部组织损伤;有些护士技术操作不熟练,业务水平低,静脉穿刺不能一次成功,不能很好地预见疾病的先兆、并发症等意外情况,抢救患者动作迟缓,贻误了最佳抢救时机;有些护士缺乏与人交流、沟通的技巧,健康教育不能如期实施;病房管理不当,陪人多,说话声音大、工作

治疗车轮子的响声等噪音，影响患者的休息，等等诸多因素均可引发医疗纠纷。

二、肿瘤病人护理中法律问题的对策

（一）护士应加强对相关法律法规和管理制度的学习

护士应学习《医疗事故处理条例》、《中华人民共和国护士管理办法》、《医疗机构管理条例》、《病历书写规范》、《护理工作中潜在的法律问题》等相关法律法规和管理制度。医院应加强对护理记录的法律严谨性教育和培训，强化护理记录书写基本功训练，培养护士深入病房。细致观察病情的严肃认真的工作作风和实事求是的科学态度，避免疏漏，增强护理记录书写质量的责任意识，更新医疗纠纷重在防范的观念。让护士从一个管理的旁观者变成管理的实施者，不断的自审、自查、自纠，上级查下级，护士长查护士，严格把好审签关，避免审签流于形式，尽可能减少护理记录"带病"归档，而给将来可能发生的医疗纠纷埋下隐患。

（二）健全护理风险管理机制

对照《条例》分析现存和潜在的护理风险问题，重新审视护理规章制度，修订护士各班次工作程序、重点和标准。科室制定精细的查对制度和安全防范制度，经常分析不安全因素，研究相应对策，制定《节假日安全管理规定》、《护理安全用药规范》、《防范意外事件的护理预案》等。实施压疮预报和报告制度，预防烫伤、坠床、摔伤、自杀等意外伤害的预案程序；规范遇火灾、盗窃、停电、停水等情况的处理和上报规程；建立护理告知、签字制度，设计《特殊护理操作知情同意书》；制定《处理输血、输液反应的方案》，规范护士遇输血、输液反应或发生纠纷时，如何封存，保留实物，报告程序和报告部门的规程。

（三）维护患者的隐私权及知情同意权

护士有责任保护患者隐私权，在不导致重大精神刺激的前提下，选择适当时机和方式将病情、医疗、护理措施、医疗风险、预计的医疗费用等告诉患者家属，及时解答患者的咨询，在患者充分知情的前提下，尊重他们的选择，一旦选择，医患双方履行书面的签字手续，这样才能杜绝医疗纠纷的发生。

（四）强化医嘱具有法律效应的观念

医嘱是护士对患者诊疗措施的依据，并具有法律效应。一般情况下，护士应不折不扣地执行，随意更改或无故不执行医嘱，视同违法行为。但是，如发现医嘱有错误，护士有权拒绝执行，必须立即向医生提出质疑。如发现开出的药物与病情不符、剂量过大、需要做过敏试验的没开皮试等，若护士听之任之，或者因疏忽、业务水平差而未及时发现医嘱错误，酿成严重后果的，护士将与医生共同承担法律责任。遇疑难问题，须及时请教汇报，不可擅自处理。

（五）对于特殊患者、特殊情况实行签字制

癌症晚期患者，因为疼痛而被迫体位，容易造成受压皮肤压疮。如：一个肺癌晚期骨转移的女患者，因为疼痛拒绝换药、尿管护理、翻身等一切护理工作，家属因为心疼患者，也不同意碰患者。当发生压疮及尿路感染后，家属反而责怪说："患者说不做，你们就什么也不做了吗?"护理纠纷就此发生。对此，我们要耐心解释，说明护理措施对患者健康的重要性，反复强调不配合治疗与护理可能引起的后果，并把治疗与护理相对集中在同一个时间，动作轻柔，尽可能减少患者的痛苦。如果患者和家属坚决不配合，为避免日后发生争执，则应要求患者家属签字为证，一切后果由患者负责。

（六）制定患者安全管理规定

设立"护理意外事件报告表"，预防烫伤、坠床、摔伤、自杀等意外伤害。对于病重、强迫体位、癌症脑转移、使用止痛镇静剂、年纪较大、身体虚弱的患者，须加床栏，以防不测。加强巡视，告知这类患者如厕、起床活动时，请按传呼仪等等。护士要有预知风险的意识、能力，评估患者是否有坠床、摔倒的潜在性危险，采取必要的措施。有些患者在未发生意外时，会觉得加床栏妨碍自由而强烈抵制时，应请患者家属签字为证，为将来万一发生意外时举证。患者有自杀倾向时，应及时报告，并与患者家属联系，设立巡视患者登记本，记录巡视患者的时间和患者的情况。并且要科学、真实、准确地将相应情况记录在病历上。

（七）预先告知肿瘤患者化疗方案及可能发生的各种可能性

告知患者化疗方案、化疗药物的作用与毒副反应以及化疗药物渗出后会出现局部组织肿胀、疼痛、甚至坏死，说明肢体制动的重要性，加强巡视，严防渗漏。避开关节，因为化疗药物渗出可能导致关节畸形，功能障碍。当化疗渗出时，要及时处理，把损伤程度降到最低。应用 PICC 置管时，让患者签署知情同意书。

第六节　传染病人的护理

传染病爆发流行时是一个特殊的时期。近年来，一些新的病原菌不断出现，特别是 2003 年在我国出现的 SARS 疫情，来势凶猛，社会恐慌，医护人员成为许多隔离、无助患者的依赖对象。护士不仅需要用技术、劳动和汗水关爱患者，维护患者和全民的健康，更需要用知识和理智规范自己的行为，防止工作中潜在的法律问题。

（一）护士的职业是救死扶伤

在传染病暴发流行时，护士必须弘扬南丁格尔精神，以高度的责任感履行关爱生命、维护健康的职责，这是最基本的职业道德和义务守则。

（二）尊重患者的知情权

医护人员要用诚恳、亲切的话语与患者交流，主动与患者沟通，及时通报病情，积极进行健康教育，指导患者和家属学会正确的隔离方式，防止疾病的传播，同时介绍相关的法规和制度，提高传染病患者自觉隔离的意识，改变不健康的行为，树立预防为主的观点，减少传染病播散。

（三）保护患者的隐私权

2004 年 12 月 1 日起正式实施的《中华人民共和国传染病防治法》中明确规定传染病患者的个人隐私权受到保护。这不仅是法制的进步，也充分体现管理中的人性化。新传染病防治法规定疾病预防控制机构、医疗机构不得泄露涉及个人隐私的信息、资料。对故意泄露传染病患者、病原携带者、疑似传染病患者、密切接触者涉及个人隐私的有关信息者，给予警告，造成严重后果的，将依法给予负有责任的主管人员和其他直接责任人员降级、撤职、开除的处分，构成犯罪的依法追究刑事责任。

（四）护士的合法权利

1. 参加救护行动的医护人员享有获得与本人执行活动相关的医疗设备和防护设备的权利。

2. 在上岗前接受专业的业务培训和自我防护培训的权利。

3. 享受适当的特殊津贴和福利待遇等良好待遇的权利。

4. 对所在机构的医疗、预防、保健工作和卫生行政部门的工作提出意见和建议的权利。

（五）在传染病暴发流行时

各级政府和院方应积极履行自己的职责，在各类人员上岗时必须进行岗前培训，其内容包括传染病防治的相关知识，医院感染控制的措施，传染病护理的工作流程，特殊防护物品设施的作用方法，各项规章制度等。

（六）加强自身职业防护

由于医院环境和传染病的特殊性，护理人员在诊疗、护理的操作过程中经常暴露于多种职业危害因素中，经常接触传染患者的血液、体液和针刺伤等生物性损伤，造成职业损伤。

（七）严防疫情传播

1. 加强疫情监测与报告。平时应加强医护人员的普法教育，组织学习相关的法律知识，增强法制观念，提高执法意识。认真履行疫情报告制度，及时、准确、完整地上报疫情发生发展的情况。在新的《传染病防治法》中，强化了医疗机构在传染病预防中的重要作用，不仅要承担传染病的监测、报告、本单位传染病的防控及责任范围内的预防，还要确定专业部门和人员承担医疗救治医院感染的有关防控工作，严防传染病的医源性感染。

2. 落实消毒隔离制度。传染病的传播途径主要包括呼吸道、消化道、虫媒、接触传播。医护人员应有较强法律意识，落实相关消毒隔离的制度，对爆发流行的传染病社区、医院或特殊的疫源地进行合理、有序、严格的隔离，要求固定人员、固定使用器械、固定患者的生活用品，进行严密的消毒管理，切断传播途径，防止疾病的流行。

3. 注意医疗废弃物的处理。护理人员不仅要有消毒隔离的观念，还要增强环境保护意识，对传染病患者食用过的废弃物分类标识，规范处置，定位投放，严密包装运送，从领用到终末回收处置都有管理制度、有可查的记录、有监控追踪。

第七节　精神科病人的护理

精神病院大多实行封闭式管理，多数患者无家属陪伴，护理行为涉及到的医患法律与道德关系，有其自身特殊性，精神病院在对住院病人承担医护责任的同时，应保护精神病人的人身权益。

一、精神病人的权利与义务

（一）人格权

兴奋躁动的精神病人和老年痴呆病人，严重时意识不清，认知障碍，行为怪异。有的医护人员要弄、嘲笑病人，是对患者人格及尊严的侮辱，是一种粗暴的侵权行为，是极不道德的。

（二）人身权

封闭式管理是精神病院特点之一，限制一些发作期病人的人身自由，目的是为了保护病人。特别是发病期丧失理智的病人，应该限制他们的活动范围。但是，这种特殊医疗措施应严格实施对象，任何滥用这些措施的做法都是违法的。

（三）生命权

任何病人享有医疗的权利是平等的，精神病人有权得到医疗和护理。在失去理智时，病人可能会拒绝就医，但其生命权不容剥夺，这是病人最基本的权利。医护人员在治疗时应密切注意病人的身体情况。

（四）被探视权

由于精神疾病的特殊性，病人家属探视常须得到医护人员的同意。对于强迫入院的新病人，对住院不安心的病人，可能出现冲动伤人外跑，探视显然对他们不适宜，暂时停止探视应以有利于治疗为目的。当病情缓解时应允许亲友探视。亲友探视有利于消除亲友不必要的担心，有助于病人和亲友之间的情感交流。

（五）隐私权

精神病人的很多言行违反社会习俗及道德规范。工作人员在了解病情的同时也会了解到病人的隐私，对病人的病情及隐私保密是精神卫生工作者必须具备的起码的职业道德。

（六）接受治疗的义务

精神病人由于受疾病的影响不能和医护人员进行良好的配合，由于是封闭式管理，监护人不在病人身旁，精神病院实际上承担了病人监护和保护责任。精神科护理人员应时刻保护病人的安全。对病人的安全负责，是精神科医务人员的特殊医疗任务，同时也是法律责任。

二、精神病院常见的一些侵权行为

（一）泄露病人的隐私

精神病发作期间所表现的异常行为，易被人们嘲笑，作为病人的直接接触者，医护人员应严格为病人的隐私及病情保密。

（二）侮辱病人的人格

在疾病发作期，可出现认知障碍、精神错乱等，如果嘲笑或侮辱病人，均属侵权行为。

（三）随意约束病人

对兴奋躁动、拒绝治疗的病人，为了保障治疗及护理的顺利进行，可强迫加以约束。但这些特殊的护理措施必须征得病人的监护人同意，或事先向监护人通报，或的确因工作需要。因对病人有意见而约束病人是报复行为，是违法的。为了省事而随意约束病人也是违法的。

（四）没有足够理由拒绝家属探视

对于那些刚入院的病人或那些路途遥远的病人，其家属往往表现求医心切，急于想知道病人的治疗效果，这个时候，他们想进病房探视病人，是可以理解的，工作人员不应该拒绝，确实因病情较严重不适宜探视应向家属作出说明。在实际工作中，医护人员担心亲友有不适当的言语或态度，会使病情恶化，往往拒绝了他们的合理要求。

（五）非法搜身检查

病人入院时要搜身检查，还要定期检查病人的床铺、床头柜等。为了安全起见，防止危险物品带入病房以免造成自伤或伤人的可能，但搜查危险物品应征得家属的同意，如某家属质疑要求将可能造成危险的物品带入病房而造成伤害的，家属应负直接责任，这种情况应尽量禁止。对女病人搜身检查至少应有女工作人员在场。

三、护士的责任与义务

（一）管理病人的责任

除执行医嘱及护理外，护士的很大部分工作是管理病人。为了保障病人的生命权，对某些拒绝治疗护理的病人，医护人员适当的干预，必要时可强迫治疗或保护性约束,原则是有利于病人的安全及治疗,而不是伤害病人。

（二）遵医嘱给予治疗的义务

执行医嘱是护士的责任,必须保障对病人的治疗和护理。对不合作的病人,尽管治疗的执行可能是违背病人的意志的,也要保证医嘱的执行。

（三）以治疗和保护目的约束病人的责任

对兴奋躁动、拒绝治疗的病人,为了治疗和护理,可强迫约束,这种保护措施应该有适当的限度,持续时间不宜过长,不得给病人带来伤害。

四、工作中应注意的问题

病人与病人之间的权利发生冲突时,如一病人损坏另一病人的物品或侵犯他人人身安全时,护理人员首先给予有效制止,了解病情,必要时约束肇事者,并对他们进行保护性约束。

护士要正确运用法律知识并提高自我素质。病人有合法权益,如护理人员不留意或违反操作规程,就会造成病人的不满和投诉,造成护患之间的矛盾和护理纠纷,护理人员有义务向病人道歉和赔偿,由于精神障碍,病人无法控制自己的情绪,常常给医院和医护人员带来一定的麻烦。这时由于病人往往没有法律能力,不能为他造成的损害承担责任,护理人员应时刻注意这种情况,保护自身,也保护其他病人。由于精神护理的特殊性,需要精神科护理人员有较高的职业道德水平和相应的法律知识,只有如此,才能更加全面地提高精神疾病的护理质量。

☞ 【案例一】

2005年3月28日,患者吴某在当地某卫生院进行剖腹产手术,4月3日出院。此后,吴某持续高烧并感觉腹部疼痛。同年9月15日,吴某入住市妇幼保健院,被诊断为腹壁瘘管、盆腔异物并感染。9月28日,妇幼保健院对吴某进行剖腹探查术,发现并钳出一团状纱布(盐水垫)。11月7日,吴某办理出院手续后又感觉身体不适,于12月28日入住某省中医学院附属医院进行剖腹探查术,又被取出纱布一块。经鉴定,吴某属10级伤残。

经当地人民法庭调解,双方当事人达成协议,由被告当地中心卫生院赔偿原告吴某8.5万元。

问题:此案例带给我们的启示有哪些?

☞ 【案例二】

患者,女,50岁,因"反复情绪低落,少语、少动、失眠19年,出现幻听、被害妄想 1 个月", 于 2004 年 2 月 23 日收往某医院。诊断：伴精神病性症状的抑郁症。给予维思通、忧克、氯硝西泮等药物治疗，特级护理，防冲动、防躯体损伤、防自杀。3 月 18 日 11:15 左右患者在陪住人员看护下进食，11:20 护士发现患者满嘴食物，呈呛噎状，呼之不应，口唇发绀，立即从患者口中掏出部分食物，并给予胸外按压，辅助人工呼吸，建立静脉通路。急请外院麻醉科、五官科、内科、外科会诊。11:30 给予可拉明、肾上腺素注射，同时在喉镜下取出部分食物，患者呼吸无改善。11:35 外院医生到场协助抢救，11:40 在辅助人工呼吸同时给予气管穿刺，呼吸仍无改善。12:00 转往外院急诊室继续抢救，查体：血压、心率为 0，意识丧失，瞳孔散大，对光反射消失。继续心肺复苏，复苏过程中自主呼吸恢复，随后心率恢复，但血压一直未恢复。抢救约 6 小时后患者被转入病房继续治疗，3 月 24 日患者因多器官功能衰竭死亡。

问题：此案例中存在哪些法律问题？

思考与练习

1. 院前急救潜在的法律问题及应对策略？
2. 急救与重症监护护理中的法律问题有哪些？
3. 母婴保健护理中的法律问题有哪些？

（程艳华　万艳红）

第七章　护理管理中的法律问题

学习目标

1. 掌握护理风险管理方法。
2. 熟悉护士职业防护的方法。
3. 了解护理管理标准及护理管理者职责。

名言导入

法律是最优良的统治者，法律能尽其本旨做出最适当的判决。

——柏拉图《法律篇》

　　护理工作是医院工作的重要组成部分，良好的护理工作为正确及时的诊断治疗提供重要依据，并能够为解除病人痛苦，缩短病程，预防并发症起着重要作用。然而，如何在护理活动中依法行护，正确履行法律规定的责任和义务，维护业务活动中各方权利，是护理管理者必须面对的问题。护理管理者应用法律规范护士的行为，确保医院各项制度和职责落到实处，方能保障患者的合法权益，避免医疗纠纷，维持正常医疗程序。

第一节　护理管理者职责

一、护理管理概述

（一）护理管理的概念

　　护理管理是以提高护理质量和工作效率为主要目的的过程。世界卫生组织给护理管理的定义是："为了提高人民的健康水平，系统地利用护士的潜在能力和有关其他人员、设备、环境和社会活动的过程。"该定义强调了以下几个要素：

　　1. 护理管理的最高目标是提高人的健康水平。
　　2. 护理管理是一个系统过程，管理的对象处于一个系统之中。
　　3. 护理管理的要素包括以护士为主的有关人力资源、物资设备资源、环境和社会资源。

因而,护理管理就是:护理管理者运用管理学的原理和方法,通过计划、组织、人员管理、领导和控制的管理过程,协调人及其他资源,提高护理质量的工作过程。

(二)护理管理的特点

1.广泛性

护理管理的范围包括组织管理、人员管理、业务管理、质量管理、病区环境管理、经济管理、物资管理、教学和科研管理等。参与护理管理的人员除了不同层次的护理管理者,也包括各个部门、各个层次的护理人员。因此,这就要求广大护理人员都要学习护理管理知识,具备一定的管理能力。

2.综合性

管理学是一门综合性应用科学,应用了多学科的研究成果,具有综合性的特点。护理管理学除具有管理学的特点外,还受多种因素的影响,因此,护理管理既要综合利用管理学的理论和方法,又要考虑护理工作的特点和影响因素,充分利用有关的资源,将理论和实践加以综合应用。

3.独特性

现代护理学已经发展成为一门独立的学科,随着医学模式的转变,护士的角色也由过去单纯的执行医嘱、协助医生进行诊断治疗,发展成为独立的进行护理诊断和处理人们现存的和潜在的健康问题,为人类健康服务的工作。因此,要求护理管理者要适应这些护理专业的特点,注意培养护士应用护理程序、独立解决问题的能力;注意培养护理人员良好的工作责任感、严谨求实的工作作风和严肃认真的工作态度。

另外,护理工作的连续性强、责任重大、班次不规律、技术操作多,且护理人员以女性居多,护理管理工作应着重解决影响护理人员工作的问题,解除护理人员的后顾之忧,尽可能为护理人员营造宽松、舒适的工作氛围。

(三)护理管理的任务

护理工作的服务对象和任务决定了护理管理应以提高护理质量为主要目的。因此,护理管理的任务是,通过对护理工作人员、设备、技术、信息等进行科学的计划、组织、控制和协调,确保护理工作的效率和效果,提高护理工作质量。

为了加强管理,提高护理工作质量,卫生部发布了《关于加强护理领导工作,理顺管理体制的意见》、《关于进一步加强护理管理工作的通知》,制定了《护理管理标准及评审办法(试行)》,在印发的《医院管理评价指南(试行)》中也有关于护理质量管理与持续改进的内容,特别是《护士条例》的颁布实施,以及《全国医院工作条例》、《医院工作制度》等规章,为护理管理提供了基本的法律依据,是护理管理者完成工作,提高护理质量的保障。

二、护理管理标准

《护理管理标准及评审办法(试行)》对各级医院的护理管理规定了具体的标准。

(一)一级医院护理管理标准

1. 有护理管理目标,年计划目标≥85%。

2. 有护理工作年计划、季安排、月重点及年工作总结。

3. 有护理人员培训、进修计划,年培训率≥5%。

4. 有护理人员考核制度和技术档案,年考核合格率≥85%。

5. 有护理质量考评制度,定期组织考评。

6. 定期组织护理业务学习,有条件的医院组织护理查房。

7. 有护理工作例会制度。

8. 有护理差错、事故登记报告制度,定期分析讨论。

9. 做好护理资料的登记、统计工作。

10. 医院护理管理达到各省、自治区、直辖市卫生厅(局)的标准要求。

(二)二级医院护理管理标准

1. 有护理管理目标,年计划目标≥90%。

2. 有护理工作发展规划、年工作计划、季安排、月重点及年工作总结。

3. 有护理人员培训、进修计划,年培训率≥10%。

4. 有护理人员考核制度和技术档案,年考核合格率≥90%。

5. 有护理质量考评制度,定期组织考评。

6. 定期组织护理业务学习,开展护理查房。

7. 有护士长例会制度,组织护士长夜查房。

8. 有护理差错、事故登记报告制度,定期分析讨论。

9. 医院护理管理达到各省、自治区、直辖市卫生厅(局)的标准要求。

10. 护理部协调好与科主任、医技、后勤等部门的关系。

11. 做好护理信息资料统计工作,定期分析、评价与利用。

(三)三级医院护理管理标准

1. 有护理管理目标,年计划目标≥95%。

2. 有护理工作发展规划、年工作计划、季安排、月重点及年工作总结。

3. 有护理人员培训、进修计划,年培训率≥15%。

4. 有护理人员考核制度和技术档案,年考核合格率≥95%。

5. 有护理质量考评制度,定期组织考评。

6. 定期组织护理业务学习,开展护理查房。

7. 有护士长例会制度,组织护士长夜查房。

8. 有护理差错、事故登记报告制度，定期分析讨论。

9. 医院护理管理达到各省、自治区、直辖市卫生厅（局）的标准要求。

10. 护理部协调好与科主任、医技、后勤等部门的关系。

11. 做好护理信息资料统计工作，定期分析与评价，并逐步创造条件达到信息计算机管理。

三、护理管理职责

《护士条例》对医疗卫生机构护理管理者的职责规定是：

（一）按照卫生部的要求配备护士

医疗卫生机构配备护士的数量不得低于卫生部规定的护士配备标准，条例施行前，尚未达到护士配备标准的医疗卫生机构，应当按照卫生部规定的实施步骤，自条例旅行之日起 3 年内达到护士配备标准。

（二）保障护士合法权益

1. 为护士提供卫生防护用品，并采取有效的卫生防护措施和医疗保健措施。

2. 执行国家有关工资、福利待遇等规定，按照国家有关规定为在本机构从事护理工作的护士足额缴纳社会保险费用，保障护士的合法权益。

3. 对在艰苦边远地区工作或者从事直接接触有毒有害物质、有感染传染病危险工作的护士，所在医疗卫生机构应当按照国家有关规定给予津贴。

4. 制订、实施本机构护士在职培训计划，并保证护士接受培训。护士培训应当注重新知识、新技术的应用；根据临床专科护理发展和专科护理岗位需要，开展对护士的专科护理培训。

（三）加强护士管理

1. 应当按照卫生部的规定，设置专门机构或者配备专（兼）职人员负责护理管理工作。

2. 不得允许下列人员在本机构从事诊疗技术规范规定的护理活动：

（1）未取得护士执业证书的人员；

（2）未依照条例规定办理执业地点变更手续的护士；

（3）护士执业注册有效期届满未延续执业注册的护士。

（4）在教学、综合医院进行护理临床实习的人员应当在护士指导下开展有关工作。

3. 应当建立护士岗位责任制并进行监督检查。护士因不履行职责或违反职业道德受到投诉的，其所在医疗卫生机构应当进行调查。经查证属实的，医疗卫生机构应当对护士做出处理，并将调查处理情况告知投诉人。

第二节　护士职业防护

一、护理职业防护概念

(一)职业性损害

指各种职业危害因素对劳动者健康所引起的影响。职业性损害常见的有 3 大类:

1. 职业病。如职业中毒、尘肺、物理因素职业病、职业性传染病、职业性眼病、职业性耳鼻喉科疾病、职业性皮肤疾病、职业性肿瘤疾病、职业性其他疾病。

2. 工作有关的疾病。如腰背痛、腕管综合征、颈肩腕综合征等。

3. 职业性外伤。如物体打击、机械性损伤、电击伤、化学性皮肤灼伤等。

(二)护理人员职业损伤

是指护理人员因职业危害导致的损伤及与工作有关的疾病。

(三)职业防护

保护和促进职业者身体不受有害因素污染的方法和设备,以达到促进职业者的健康。

(四)护士职业防护

指护士在进行护理技术操作过程中,根据不同的操作及接触的病人,采取一些必要的防护措施,防止有害因素的传染及损伤,达到自我保护的目的。

二、护理人员职业危害的分类

(一)生物性危害

生物危险因素主要是细菌病毒等,细菌和病毒可广泛存在于患者的呼吸道、血液、尿液、粪便、积液、脓液等等各种分泌物和排泄物中。护理人员是接触患者体液、血液、分泌物、排泄物较多的人群,如不注意个人的防护,不仅造成自身感染,还会成为传播媒介。乙型肝炎病毒、丙型肝炎病毒和人类免疫缺陷病毒是最常见的危险因素,其他还有流感病毒、支原体和变异冠状病毒等。

(二)化学性危害

1. 化学消毒剂

常用的消毒剂有甲醛、环氧乙烷、戊二醛、过氧乙酸及含氯制剂等,对人体皮肤、黏膜、呼吸道、神经系统均有一定程度的影响。不加防护的长期接触,可导致气促、头痛、接触性皮炎、鼻炎、关节病、哮喘、记忆障碍、注意力不集中以及生殖系统疾病。

2. 细胞毒性药物

目前使用的抗肿瘤药物大多数是细胞毒性药物,对人体肿瘤组织及更深组织均有抑制作用。护士在进行化疗的操作过程中,注射器稀释药物、排气、换液、拔针等操作都能造成皮肤接触或吸入化疗药物,长期受到低剂量药物影响,可诱发基因变性,使染色体畸变,具有致癌、致畸及脏器损伤等潜在危险。

3. 麻醉废气

长期暴露于微量的麻醉废气污染的环境中,可引起自性流产、胎儿畸形和生育力降低的可能。

(三)物理性危害

物理性危害包括噪声、高温、电离辐射(各种放射线)、非电离辐射(高频电磁场、微波、超声波、激光、紫外线等)、切割或针刺等因素造成的损伤。此类因素可造成听力、皮肤、眼睛、中枢神经系统等部位损伤、各类放射病或其他损害。

(四)社会、心理性因素

护理人员的职业角色与多种生活角色的经常性冲突,构成了护理工作的应激因素。工作中存在的诸多负性因素,如长期处于危重患者、意外伤害以及死亡的包围中,生活不规律,工作负荷重、心理威力超负荷,得不到患者和家属的理解,甚至遭到辱骂和生命威胁等,直接影响到护理人员的心理和工作行为。

三、护士职业防护

国家卫生部下发的《医院感染管理办法》、《医务人员艾滋病病毒职业暴露防护工作指导原则(试行)》以及《艾滋病诊疗指南》等,对医务人员的职业防护进行了专门的规定,要求医院必须做好职业防护工作,制定相关的管理规定并加强管理。

(一)生物性危害的防护

1. 树立标准预防观

所有患者的血液、体液、分泌物、排泄物、呕吐物及被其污染的物品等,均被视为具有传染性,不论是否有明显的血迹污染或是否接触非完整的皮肤与黏膜,医务人员接触这些物质时,必须采取防护措施。

2. 洗手

采用七步洗手法。第一步:洗手掌,流水湿润双手,涂抹洗手液(或肥皂),掌心相对,手指并拢相互揉搓;第二步:洗背侧指缝,手心对手背沿指缝相互揉搓,双手交换进行;第三步:洗掌侧指缝,掌心相对,双手交叉沿指缝相互揉搓;第四步:洗拇指,一手握另一手大拇指旋转揉搓,双手交换进行;第五步:洗指背,弯曲各手指关节,半握拳把指背放在另一手掌心旋转揉搓,双手交换进行;第六步:洗指尖,弯曲各手指关节,把指尖合拢在另一手掌心旋转揉搓,双手交换进行；第七步：洗手腕、手臂，揉搓手腕、手臂，双手交换进行。洗手全过程要认真揉搓双手15秒以上；特别要注意彻底清洗戴戒指、手表和其他装饰品的部位。

3.使用职业防护工具

按规定的方式穿防护服，戴手套、口罩、帽子、护目镜。鼓励护理人员根据需要使用避污纸、一次性手套等防护用品。

4.正确进行血标本处理

使用带盖试管，密封容器送检，手持标本时戴手套。

5.提供安全的工作环境

避免医用垃圾对社会和医护人员造成的危害，杜绝医源性的污染及减少锐器刺伤的中间环节。

6.暴露后处理

2004年卫生部印发了《医务人员艾滋病病毒职业暴露防护工作指导原则（试行）》要求被暴露后，进行暴露源分类和职业暴露分级评估，并采取相应的预防性用药，进行暴露后的登记和随访。

（二）化学性危害的防护

1.化学消毒剂危害防护

（1）根据化学消毒剂的毒性、刺激性，选择防护用具。

（2）遵守化学消毒剂使用原则，熟练掌握化学消毒剂的性能、功效、操作规程，熟悉化学消毒剂的使用浓度、剂量。正确配制消毒剂，合理使用消毒剂。

（3）正确保管化学消毒剂。

（4）保持良好的通风环境。

（5）尽量选择对空气污染小的化学消毒剂。

（6）教育培训相关人员遵守规章制度。

2.细胞毒性药物危害防护

（1）提供安全的配药环境，配制化疗药物需在百级层流生物安全柜内进行。

（2）配置药物前准备充分，穿隔离衣，戴口罩、帽子、手套、护目镜。

（3）配药时严格执行操作规范，熟练掌握操作规程，防止药液外溅，药品配置好后放在防渗漏无菌巾上备用。

（4）妥善处理废弃物，化疗后产生的废物及污染物品，应与其他医疗废弃物严格分开，并标明"化疗药物损伤性废物"。

（5）建立医务人员健康档案，定期体检。

3.麻醉废弃物危害防护

（1）有条件的医院应装备层流空气净化系统，降低各种吸入性麻醉药的残余量，减少对机体的危害。无层流设备条件的定时开窗通风、换气，加强室内空气流通，或增加麻醉废气排放设备，以减少空气中有害气体的污染。

（2）使用紧闭性较好的麻醉机，并进行定期检测，防止气源管道漏气。

（3）做好吸入性麻醉药品的保管工作。

（4）加强工作人员的自身防护，特别是孕期或哺乳期女性。

（三）物理性危害的防护

1. 锐器伤的防护

2004 年卫生部印发的《医务人员艾滋病病毒职业暴露防护工作指导原则（试行）》中对于锐器伤的预防和处理有明确的规定。

（1）加强防护意识，尤其在静脉穿刺、术中配合、备皮、换药等操作过程中注意防止针刺伤，接触血液、体液的操作应戴手套，必要时穿隔离衣、戴护目镜，手有损伤时戴双层手套或暂时更换工作环境。

（2）医务人员在进行侵袭性诊疗、护理操作过程中，要保证充足的光线，并特别注意防止被针头、缝合针、刀片等锐器刺伤或者划伤。

（3）使用后的锐器应当直接放入耐刺、防渗漏的利器盒，或者利用针头处理设备进行安全处置，也可以使用具有安全性能的注射器、输液器等医用锐器，以防刺伤。

（4）禁止将使用后的一次性针头重新套上针头套，禁止用手直接接触使用后的针头、刀片等锐器。

（5）掰安瓿及撬瓶盖注意手法正确，禁止徒手处理破碎的玻璃，以防止玻璃划伤。被针刺伤后立刻上报刺伤情况，及时采取相应的措施。

（6）如有伤口，应当在伤口旁端轻轻挤压，尽可能挤出损伤处的血液，再用肥皂液和流动水进行冲洗；禁止进行伤口的局部挤压。

（7）受伤部位的伤口冲洗后，应当用消毒液，如：75％乙醇或者 0.5％碘伏进行消毒，并包扎伤口。

2. 放射及电离辐射防护

在近距离接触患者时穿铅衣、佩戴眼镜、戴铅脖套及铅帽，对室内强电磁辐射源应设立隔离板（罩）或远离人群。

3. 其他

（1）开发或普及智能型护理器材，减轻劳动强度和一些重复操作，尽可能地完善医疗设备和防护设施。

（2）对科室使用的仪器、设备定期进行普查、检修，陈旧性噪音大的仪器设备尽量淘汰。器械、车轮定期上润滑油，以减少噪音。

（3）建立良好的工作环境，增加隔音板及必要的设备，排风扇、除湿机、空调等。工作人员休息间或值班室应安静、舒适、整洁。

（四）社会、心理性危害防护

1.个人加强业务学习和培训，提高业务水平，加强工作中的案例防护措施，严格按规程操作。

2.管理者要关心体贴护士，营造以人为本的管理氛围，尽量创造舒适、安全的工作环境，防护保障。危重病人多、工作量较大时，护理管理者要适当增加值班人员，实行弹性排班，合理配置人力，以减轻护理人员的心理压力。

3.护理人员加强心理锻炼，提高心理素质，正确面对社会偏见及各种心理困扰因素，采取回避、疏泻、转移、放松、自我暗示等方法进行自我心理调整。

4.提高处理重大事件的能力，努力培养自己良好的气质和广泛的兴趣爱好，善于控制个人情绪，充满爱心和同情心的为患者服务。

第三节　护理风险管理

一、护理风险管理概述

（一）概念

1.风险

风险是遭受损害的可能性。风险包括经济、法律、人身风险等。

2.护理风险

护理风险指病人在接受医疗护理过程中，由于风险因素直接或间接的影响导致可能发生的一切不安全事件。护理风险具有风险水平高、不确定性、复杂性及后果严重等特征。

3.护理风险管理

护理风险管理指对病人、医护人员、医疗护理技术、药物、环境、设备、程序等不安全因素采用护理风险管理程序的方法，识别、评估，并采取有效措施控制的过程。目的是减少护理风险事件的发生及降低风险对病人和医院的危害及经济损失，以保障病人和医务人员的安全。

4.护理安全

护理安全指在实施护理活动的全过程中，病人不发生法律和法定的规章制度允许范围以外的心理、机体结构或功能上的损害、障碍、缺陷或死亡。

（二）护理风险管理的重要性

1.风险管理水平直接关系到病人的安全

医疗护理风险与护理安全并存，两者的程度是因果关系，在医疗护理风险系数较低的情况下，医疗护理安全系数就较高，反之医疗护理安全系数就降低。通过风险管理可以降低医疗护理活动中的风险，保障病人的安全。

2.风险管理水平直接影响医院的社会效益和经济效益

由于医疗护理风险管理不善，会使病程延长和治疗护理方法复杂化，增加物资消耗，提高医疗成本，增加病人经济负担，有的还要付出额外的经济负担，同时会使医院的形象受到损害。

3.风险管理水平直接影响医院功能的有效发挥

医疗场所的各种污染、放射性危害，各种有毒作用的药物和化学试剂等一些物理化学因素，也会影响医院功能的有效发挥。

4.风险管理水平直接影响医院和医务人员的自身安全

做好医疗护理风险管理除保障病人的身心安全以外，还包括从事医疗护理及医学工程技术人员本身的健康与安全。在医疗护理活动中如果因风险意识不强、管理不力发生事故和医疗纠纷，医院及医务人员将承担风险，包括经济风险、法律风险、人身风险等。

二、护理风险的相关因素

（一）护理人员自身素质因素

护理人员的个人自身素质如：思想、职业道德、心理、生理等素质不符合或偏离了护理职业的要求，可能造成护理人员在工作中的语言、行为不当或过失，给患者带来不安全感或不安全的结果，因而发生护理风险。

（二）患者因素

患者的心理素质、对疾病的认识及承受力，所患疾病的危险性、复杂性和医疗护理技术难度，患者本身的道德素质、文化修养等，都会影响患者情绪，进而影响患者行为及对医嘱的依从性，形成护理风险。

（三）技术因素

护理人员的业务知识缺乏，经验不足，技术水平低下或不熟练，操作失误或错误等，均可给患者造成身心的不良后果，从而诱发纠纷，带来风险。

（四）药物性因素

药物因素是指错误用药、无效用药、药物配伍不当或使用有质量问题的药物所致的病人病程延长，出现药物不良反应或造成药源性疾病，甚至危害病人的生命。

（五）物质因素

护理物品数量不足、质量不好，设备性能差、不配套，都会影响护理技术的正常发挥，影响护理效果，带来护理风险。

（六）环境因素

包括医院的基础设施齐全、病区物品配置与放置合适，医用危险物品的管理或使用是否适当，病房的治安管理是否存在问题，社会环境、患者的经济状况、家庭及社会对患者的关心程度等都会对患者的情绪产生影响，带来潜在的护理风险。

（七）管理因素

管理中制度不健全、措施不力、监控不严，不重视业务培训，未进行风险教育，护理人员对潜在的风险不能识别，缺乏预见性，护理人员配置不足或配置不合理等管理不严或失控是导致护理风险的重要因素。

三、护理风险管理的基本要素

医院领导层、科室管理层、护理人员自我管理、病人自我管理四个层面是进行护理风险管理的基本要素，各要素之间构成一定的相互关系，形成特定的关系构架（图7-1）。临床护理工作中，注意下面几个方面的内容也可以有效减少风险的发生。

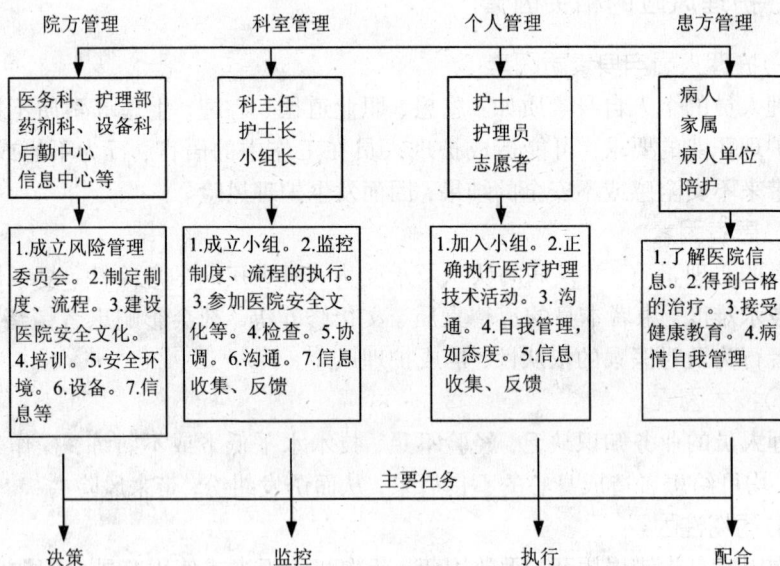

院方管理	科室管理	个人管理	患方管理
医务科、护理部药剂科、设备科后勤中心信息中心等	科主任护士长小组长	护士护理员志愿者	病人家属病人单位陪护
1.成立风险管理委员会。2.制定制度、流程。3.建设医院安全文化。4.培训。5.安全环境。6.设备。7.信息等	1.成立小组。2.监控制度、流程的执行。3.参加医院安全文化等。4.检查。5.协调。6.沟通。7.信息收集、反馈	1.加入小组。2.正确执行医疗护理技术活动。3.沟通。4.自我管理，如态度。5.信息收集、反馈	1.了解医院信息。2.得到合格的治疗。3.接受健康教育。4.病情自我管理

主要任务

决策	监控	执行	配合

图7-1　护理风险管理基本要素构架

（一）同情

护理人员对病人、同事乃至自己都应有同情心。但是，在表达对病人的同情时，一定要注意对病人提出的问题不能轻易表态，尤其是当病人在抱怨其他护理人员或工作人员的过失时。表态应在全部事实弄清楚之后，仓促的表态可能导致不公平，表态还有可能被推到"诽谤罪"的被告席上。

（二）交流

除了与病人及家属交流外，护理人员还应与医生及其他有关人员进行充分交流，如经常开展护理计划、护理措施的讨论；经常复习护理记录及医疗记录；定时核对医嘱，确保医嘱及时、正确执行等，这是减少差错的重要方法。

（三）能力

过硬的护理业务能力和沟通交流能力，是护理人员赢得病人及其他相关人员尊重的主要因素。例如，面临急诊病人时，能迅速有效地协助医生做出正确的处理，这样的护士不仅能赢得医生的认可，更能获得病人的信任。

（四）记录

随着时间的推移，记忆总会淡忘，而记录作为护理人员的朋友，在需要时可以充当活动的见证。需要注意的是，记录应该及时、精确、清楚、连续、完整和有目的性，不应随便改动。表格化的记录具有规范、完全和省时的特点，应尽可能地使记录表格化。

四、护理风险管理方法

（一）护理风险程序管理

护理风险程序管理是指对病人、医护人员、探视者等可能产生伤害的潜在风险进行识别、评估并采取控制的过程。

1. 护理风险的识别

护理风险的识别是对潜在的和客观存在的各种护理风险进行系统、连续的识别和归类，分析产生护理风险事件原因的过程。常用的护理风险识别方法有以下几种。

（1）通过对常年积累的资料及数据进行回顾性研究，分析和明确各类风险事件的发生部门、环节与人员。

（2）应用工作流程图，包括综合流程图及高风险部分的详细流程图，了解总体的医疗护理风险分布情况，全面综合地分析各个环节的风险。

（3）调查法，通过设计专用调查表调查重点人员及关键的环节，以掌握可能发生风险事件的信息。

2. 护理风险的衡量与评估

是在风险识别的基础上进行的。即在明确可能出现的风险后，对风险发生的可能性、可能造成损失的严重性进行评估，对护理风险进行定性的分析和描述，并对风险危险程度进行排序，确定危险等级，为采取相应风险预防管理的对策提供依据。如使用护理风险评估单、应用住院病人护理风险评估预警系统等。

3. 护理风险的控制

护理风险控制是护理风险管理的核心，是针对经过风险的识别衡量和评估之后的风险问题所应采取的相应措施，主要包括风险预防和风险处置两个方面。

（1）风险预防　在风险识别和评估基础上，对风险事件出现前采取的防范措施，如长期进行风险教育、举办医疗纠纷及医疗事故防范专题讲座，手术病人安全核查表的执行等。

（2）风险处置　包括风险滞留和风险转移两种方式。①风险滞留是将风险损伤的承担责任保留在医院内部，由医院自身承担风险。如建立医患纠纷沟通部门。②风险转移是将风险责任转移给其他机构，如第三方调解机构；最常见的风险控制方式是购买医疗责任保险，将风险转移至保险公司。

4.护理风险管理效果评价

护理风险管理效果评价是对风险管理手段的效益性和适用性进行分析、检查、评估和修正。如通过对调查问卷、护理质控检查、理论考试等方法获得的数据进行分析和总结，评价风险控制方案及效果，以完善控制建设，进一步提高风险处理的能力，并为下一个风险循环管理周期提供依据。

（二）护理风险的防范

1.建立健全风险管理组织

进行长效、稳固的风险管理，需建立健全风险管理组织，它能使风险管理活动有系统、有计划、有目的、有程序地进行，达到有效监督及控制风险。成立护理风险管理委员会、科室风险管理小组，专职或兼职风险管理员的三级管理网络，切实做好三级护理风险管理。如护士长按照质量标准，结合本专业进行自查、自纠、自控；护理部除不定时督查重点部门外，每月组织一次全院护理质量督查。将质量控制与护理风险管理紧密结合起来，及时发现护理安全隐患，积极预防不安全事件，从根本上减少护理风险事件发生。

2.完善护理制度及护理风险预案

有应急演练，抓好安全管理的关键环节，如假日护理安全管理规定、风险事件的评估和呈报制度等。在制订风险预案时，如突发事件意外停电、停气时的应急流程，应首先突出"预防为主"的原则，达到对病人安全质量的持续管理。

3.动态调配人力资源

弹性储备人员，岗位编制相对固定；应急管理组织能积极响应，有应急脆弱性分析，避免突发事件时护理不安全因素。

4.将安全文化运用到护理管理日常工作中

建立安全模式，如将以护士为中心的分工护理模式改变为以病人为中心，全面、全程、无缝隙责任制护理，从根本上控制护理风险发生的几率。

5.追溯性管理护理服务标识，降低护理风险。

6.建立风险信息网络

如非惩罚性的护理安全不良事件报告系统，对相关缺陷分析并持续改进；有院内护理风险信息共享区等。

7. 护理部有专/兼职护患沟通机构

每个疗区设立独立的护患洽谈室；在显著位置公布投诉电话、信箱，公示方便的投诉处理流程。

第四节　医院突发意外事件处理

一、概述

（一）突发事件

指突然发生，造成或可能造成人员伤亡、财产损失、危及医院案例的紧急事件。突发事件包括两层含义，一是事件发生、发展的速度很快，出乎意料；二是事件难以应对，必须采取非常规方法来处理。

（二）意外事件

是指行为在客观上虽然造成了损害结果，但不是出于行为人的故意或者过失，而是由于不能预见的原因所引起的。

（三）分类

根据突发事件的发生过程和性质，突发事件分为：

1. 自然灾害。主要包括水灾灾害、地震灾害等。

2. 事故灾害。主要包括火灾灾害、爆炸、大面积停水停电事件等。

3. 医疗卫生事件。主要包括传染病疫情，群体不明原因疾病，医疗安全、食品安全，医院感染事件等。

4. 信访安全事件。主要包括群体性上访事件，医疗纠纷等。

二、医院突发意外事件护理应对处理

（一）病房发现疑似或确诊 SARS 患者的应对处理

1. 病房一旦发现疑似或者确诊的 SARS 患者，立即启动应急预案。

2. 立即报告医务处及护理部，并在医务处统一协调下开展各项工作，服从医院临时成立的 SARS 领导机构的调配和指挥。

3. 在 SARS 领导机构的领导和指挥下，对患者进行救治、消毒、隔离、防护。

4. 统计、登记与患者有过密切接触的人员，并向有关机构报告。

5. 密切观察患者病情变化，严密监控医护人员的防护情况，及时向医院领导、有关科室及部门通报疫情。

6. 准备好足够的防护和消毒用品，确保医护人员的安全。

7. 患者诊疗产生的医疗废物和患者的生活垃圾，严格按照《医疗废物处理条例》等法规的规定进行处理。

8. 患者转出后,病房应严格按照有关规定进行终末消毒处理。

(二)医院停电紧急应对处理

1. 接到停电通知后,立即做好停电准备,备好应急灯、手电,对于正在使用的抢救仪器,积极寻找替代方法,并做好病人解释工作。

2. 停电和突然停电后,及时了解病室中危重患者的情况及各种仪器设备的运转情况,立即启动抢救设施替代方法,开启应急照明设施。

3. 电话与电工组联系,查询停电原因,争取尽快复电。

4. 加强巡视,安抚患者;了解危重病人情况,告知患者停电原因及时间,以取得谅解与配合;注意防盗,及时解决患者问题。

(三)医院火灾紧急应对处理

1. 一旦发现火灾,立即报告火警;开启警铃,寻求协助;通知消防单位,报告着火地点。

2. 关闭门窗,减少通风,封闭火灾现场,但紧急出口通道仍要保持通畅。

3. 切断火灾现场的氧气设备及电源开关。

4. 现场正确使用灭火器。

5. 协助火灾现场的病人离开危险区:能走动者,协助走到安全区;不能走动者,以轮椅、推车、担架或其他搬运方式,迅速安全地将病人撤离危险区。

6. 清点病人及工作人员人数,报告总指挥,安抚患者,对烧伤者及时进行救治。

(四)医院内遭遇暴徒的应对处理

1. 遇到暴徒时,护理人员应保持镇静,临危不惧,正确分析和灵活处理发生的各种情况,保护好自己。

2. 设法尽快通知保安或寻求其他人员帮助,并维持病房秩序。

3. 安抚患者及家属,减少其焦虑、恐惧情绪,尽力保护患者的生命财产及国家财产。

4. 主动协助保卫人员调查,提供线索。

5. 事态稳定,恢复正常工作;如事态严重,应报 110 处理,尽快恢复病室的正常医疗护理工作,保证患者的医疗安全。

(五)患者自杀的应对处理

1. 发现患者有自杀倾向时,应当立即报告护士长及分管医师、值班医师。

2. 检查患者病房内环境及患者的抽屉,若发现私藏药品、锐器、绳索等危险物品,要予以没收;同时检查并锁好阳台门窗,防止意外发生。

3. 与家属或患者单位联系,通知相关人 24 小时陪护;与患者家属签署《家属陪护告知书》,一式两份。

4.护士交班时把该患者作为详细交班对象，要求接班护士密切观察患者心理及情绪变化，经常巡视患者所在病房。

5.发现患者已经实施自杀时立即通知医生奔赴现场，判断患者是否有抢救价值，尽可能实施抢救，如无抢救价值，应做好现场保护，包括患者自杀地和患者住院病床、遗物放置点等。

6.通知医务处或者住院总值班，听从安排处理。

7.做好家属安抚工作。

第五节　突发公共卫生事件应急处理

一、突发公共卫生事件概念

国务院2006年1月8日发布《国家突发公共卫生事件单体应急预案》中将"突发公共卫生事件"定义为：突然发生，造成或者可能造成重大人员伤亡、财产损失、生态环境破坏和严重社会危害，危及公共安全的紧急事件。

突发公共卫生事件的特征：

1.突发性。它是突然发生的，一般不易预测的事件，但事件的发生与转归也具有一定的规律性。

2.公共卫生属性。危害不只是特定的个体，而是不特定的社会群体，也不是局限于某一固定的领域或区域。

3.危害性。可对公众健康和生命安全、社会经济发展、生态环境等造成不同程度的危害，这种危害既可以是对社会造成的即时性严重损害，也可以是从发展趋势看对社会造成严重影响的事件。此外，还具有多发性、连锁反应性、国际互动性等特征。

二、突发公共卫生事件的分类分级

（一）突发公共卫生事件类

根据事件的成因和性质分类可以分为以下几类：

1.重大传染病疫情

是指某种传染病在短时间内发生、波及范围广泛，出现大量的病人或死亡病例，其发病率远远超过常年的发病率水平。

2.群体性创伤

包括重大交通事故及生产等事故所致的创伤、群体性械斗伤等。

3.自然灾害

是指自然力引起的设施破坏、经济严重损失、人员伤亡、人的健康状况及社会卫生服务条件恶化超过了所发生地区的所能承受能力的状况。主要有水灾、旱灾、地震、火灾等。

4.急性群体性中毒

是指由于食品污染和职业危害的原因，而造成的人数众多或者伤亡较重的中毒事件。

5.群体性不明原因疾病

是指在短时间内，某个相对集中的区域内，同时或者相继出现具有共同临床表现病人，且病例不断增加，范围不断扩大，又暂时不能明确诊断的疾病。

6.其他

如预防接种引起的群体性反应、核辐射、放射性污染等。

(二)突发公共卫生事件的分级

1.一级

一级即一般性突发公共卫生事件，是指在局部地区(未跨越县、区界)，尚未发生大范围的扩散或传播，或者不可能发生大范围的扩散或传播，原因清楚且未发生人员死亡的突发公共卫生事件。

2.二级

二级即较大的突发公共卫生事件，是指发生在较大的区域内，已经发生较大范围(已跨县、区界)的扩散或传播，或者可能发生较大范围的扩散或传播，原因不清或原因虽然清楚但影响人数较多，甚至发生少数人员死亡的突发公共卫生事件。

3.三级

三级即重大突发公共卫生事件，是指发生在较大的区域内，已经发生大范围(已跨越地、州、市界)的扩散或传播，或者可能发生大范围的扩散或传播，原因不清或原因虽然清楚但影响人数很多，甚至发生较多人员死亡的突发公共卫生事件。

4.四级

四级即特大突发公共卫生事件，是指发生在很大的区域内，已经发生很大范围(跨越省界)的扩散或传播，原因不清或原因虽然清楚但影响人数巨大且已影响社会稳定，甚至发生大量人员死亡的突发公共卫生事件。

三、突发公共卫生事件的应急处理

(一)突发公共卫生事件的预防

突发事件虽然许多具有不可预测性，但并不是完全不可以预防，在预防突发事件工作中，医疗机构和医务工作者应做好下列工作：

1.建立应对重大突发公共卫生事件、重大疫情和中毒事件的预案和工作常规。

2. 在专业人员中开展处理突发公共卫生事件能力的培训和日常演练，以适应新形势下突发公共卫生事件应对的需要。

3. 随时做好应急物品、药品的准备。

4. 做好职业防护，严格传染病就诊隔离程序，防止医源性感染暴发。

5. 加强传染病疫情监测，严格突发公共卫生事件的报告程序和时限，以免延误控制疫情的时机。

6. 大力开展社区群众性宣传教育活动，提高公众应对突发事件的能力。

7. 积极开展以除害灭病为中心的爱国卫生运动，促进各项卫生措施的落实。

（二）突发公共卫生事件信息报告

为使突发事件的信息迅速上报到中央政府，《突发公共卫生事件应急条例》规定了突发事件信息报告的两条主渠道。一是卫生系统内部的报告，县级人民政府卫生行政部门在向本级政府和上级卫生行政部门报告的同时，应当向卫生部报告；二是县级以上地方人民政府的逐级上报，然后，由省级人民政府向卫生部报告。在时限规定上，除了省级人民政府向卫生部报告的时限为 1 小时外，其他每个环节都规定了 2 小时的上报时限。突发公共卫生事件报告程序见图 7 - 2。

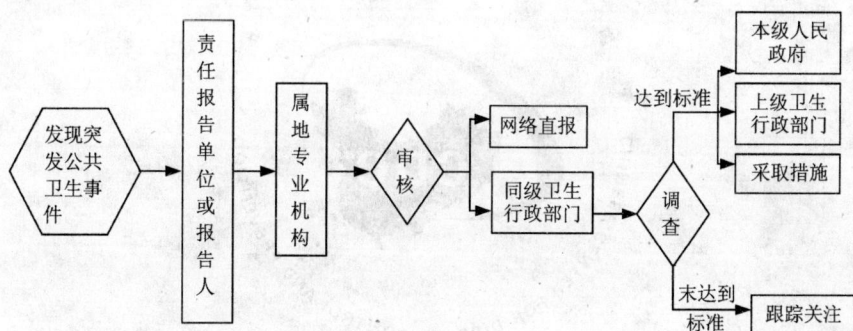

图 7 - 2　突发公共卫生事件报告程序

（三）突发公共卫生事件的应急处理

突发公共卫生事件的应对应贯彻"统一领导、分级负责、反应及时、措施果断、依靠科学、加强合作"的原则。在应急工作中，医疗机构接到疫情或险情通报，根据卫生行政部门的安排，要积极参与突发事件的调查处理，承担医疗救治任务、疫点检疫及采样留验工作，并配合属地疾病控制中心（Centers for Disease Control，CDC）进行流行病学的调查，CDC 标识见图 7 - 3。医疗卫生机构人员重点应做好以下工作：

1. 突发公共卫生事件发生后，医疗卫生工作人员应在突发公共卫生事件领导协调小组的统一领导下，进行现场和医疗机构内抢救治疗救护等工作。

2.对就诊病人必须接诊治疗，并书写详细、完整的病历记录；对需要转送的病人，应当按照规定将病人及其病历记录的复印件转送至接诊的或者指定的医疗机构。

3.及时对易受感染的人群和其他易受损害的人群采取应急接种、预防性投药、群体防护等措施。

4.对传染病病人密切接触者采取医学观察措施，传染病病人密切接触者应当予以配合。医疗卫生机构内应当采取卫生防护措施，防止交叉感染和污染。

5.医疗机构收治传染病病人、疑似传染病病人，应当依法报告所在地的疾病预防控制机构。接到报告的疾病预防控制机构应当立即对可能受到危害的人员进行调查，根据需要采取必要的控制措施。

6.协助卫生行政主管部门和其他有关部门，做好疫情信息的收集和报告、人员的分散隔离、公共卫生措施的落实工作，向居民、村民宣传传染病防治的相关知识。

图7-3 中国疾病预防控制中心标识

☞ 【案例一】

某医院一病房新任护士长，她每天工作非常努力，特别辛苦，时而帮助主班护士处理医嘱，时而帮助治疗护士静脉输液，或者去修理病房里掉下来的窗帘，然而，病房内的护士们却批评她是一名不称职的护士长。这是为什么？

问题：

1.为什么护士长那么辛苦护士们还认为她不称职？

2.该护士长应如何做好护士长的工作？

☞ 【案例二】

护士小张，26 岁，在北京一家"三甲"医院工作，在病房用真空采血器为一位肝癌合并丙型肝炎病人取血标本，取血后分离针头与持针器时针头从安全盒反弹出来，扎伤了她左手的中指，当时作了伤口的一般处理并向感染办公室上报。第二天，取血做了基线检查，HCV 为阴性。一个月后的一天，她感到全身乏力，身体不适，后来又胃不舒服，检查发现其转氨酶高，后经进一步检查，结果 HCV 呈阳性，在发生针刺伤后第8 周确诊这位护士感染了丙型肝炎。

问题：

1. 如果你在临床工作如何避免该类事件发生？

2. 护理工作的风险应从那些方面防范？

☞ 【案例三】

一家医院的透析科，一天突然发生停电，一些病人正在透析、一些病人刚开始透析，什么时候恢复供电也不清楚，当班护士赶紧向上级领导及供电部门通报，并告诉患者血液透析机里的蓄电池还能维持 30 分钟，于是护士赶紧将患者们被抽出的血液重新输回体内。

问题：

1. 请分析当班护士的应对方法是否正确？

2. 如果你当班你的处理方法？

☞ 【案例四】

医院急诊科电话铃声急促响起，市某中学发生 16 名不明原因的腹泻患者，小张是当班护士，她找医院所有救护车都派了出去，并通知了护士长。

问题：

1. 你是认为当班护士的应对处理是是否正确？

2. 你认为还应该做好哪些工作？

思考与练习

1. 护理职业存在那些危害？如何防护？

2. 医院内的突发意外事件有哪些？护士在工作中遭遇突发事件应如何应对？

（殷 翠）

第八章 医疗保险的法律制度

学习目标

1. 掌握医疗保险法律的概念、特征、医疗法律关系的基本原理，医疗保险立法的主要内容。

2. 熟悉医疗保险的纠纷处理与违法责任。

3. 了解中国医疗保险制度。

名言导入

保有适当的保险，是一种道德责任，是大部分国民应负有的义务。

——罗斯福总统

医疗保险是为分担疾病风险所带来的经济损失而建立的一种社会保障制度，是劳动者实现宪法所规定的物质帮助权的重要途径。医疗保险法律制度的建立与完善，体现了对健康公平的人文关怀，彰显了和谐社会对公平价值的现实需求。

第一节 医疗保险法概述

一、医疗保险法的概念与特征

(一)医疗保险法的概念

医疗保险法是指调整医疗保险当事人之间各种权利义务关系的法律规范总称。医疗保险法是国家基于对人类健康权的保障而进行的立法。它是国家通过强制手段对国民收入进行再分配形成的专门保险基金，当社会成员患病或生育时，给予必要的物质财产帮助，集中体现了国家保障社会成员享有基本医疗服务和水平的意志。

现代意义的医疗保险法律制度起源于德国。1883 年，德国颁布了《疾病保险法》，开创了世界强制性医疗保险立法的先河。迄今我国还没有一部完整的、统一的医疗保险法。医疗保险法的具体内容散见于有关的法律法规、规章、规范性文件与政策等中。目前，我国医疗保险法律制度正处于改革探索阶段，许多制度设计还存在需要进一步完善的地方。因此，逐渐建立健全与我国基本医疗卫生制度相适应、比较完备的医疗保险制度是今后我国有关立法工作的重点。

（二）医疗保险法的特征

与其他法律法规相比，作为专门调整医疗保险当事人之间权利义务关系的医疗保险法具有以下特征：

1. 以实现公民的物质帮助权为宗旨

医疗保险法是我国公民在生病时实现物质帮助权利的重要法律保证。因为医疗保险是由政府举办的一项社会福利性质的事业，代表政府经营医疗保险的组织机构并不以营利为目的，当发生运营资金出现亏损短缺时，还能从中央或地方财政得到补贴。同时，国家也不对医疗保险事业征税。

2. 强制性

与普通商业保险法相比，医疗保险法无论是在形式上还是内容上，都表现出明显的强制性：

（1）参保主体方面，凡根据法律规定属于保险范围内的企业和个人都必须投保；而作为医疗保险的经办机构则必须接受参保，双方都没有选择的余地。

（2）保险费率方面，凡参加医疗保险的企业和个人都必须按规定缴纳一定的保险费，保险费率由政府主管部门与有关各方共同协商确定，参保的各方无权更改保险费率。

（3）医疗保险实行属地化管理原则，所有企业和个人都要按照此原则参加所在统筹地区的医疗保险，执行统一政策，实现医疗保险基金的统一筹集、使用和管理；建立医疗保险统筹基金与个人账户，分别核算。

（4）基本医疗保险基金纳入财政专户管理，专款专用。

3. 非对等性

法律规范的核心在于调整法律关系主体之间的权利义务内容，一般以权利与义务相对等原则，然而，医疗保险与此法不同，参保人所享有的权利与其所承担的义务呈现非对等性。具体而言，参保个人缴纳保险费以其收入百分比而定，高收入者多缴，低收入者少缴；但在保险基金的支付上，并不与缴费多少相挂钩，而是根据实际需要支付。

4. 不对称性

在医疗保险法律关系中，各主体之间对有关信息的掌握明显不对称。患者比医疗保险经办机构更了解自身的健康状况，医生比患者更了解诊断治疗的最佳方案，而医疗保险经办机构对参保对象及最佳治疗方案难以完全掌握。这就导致了医疗保险经办机构与参保对象之间、参保对象与医疗保险经办机构之间信息不对称性，从而导致市场失灵逆向选择：健康的人不愿参保，患病的人积极参保等。

5.技术型

许多医疗保险法律规范的设计都涉及数学、医学、管理学等知识，呈现出明显的技术性：

(1)医疗保险基金的运营是以概率与数理统计理论中"大数法则"、"平均法则"为依据来确定保险费率、保险责任准备金的。

(2)医疗保险承保项目、医疗服务机构提供的医疗服务及费用标准是否合理等，都必须以相关医学专业知识为依据来进行判定。

(3)医疗保险制度是一项复杂的社会系统工程，涉及公共卫生资源的合理配置、医疗卫生体制、医药流通体制等方方面面的内容。

第二节　医疗保险的需求理论

一、医疗保险需求理论

消费者对医疗保险的需求可用他愿意按各种价格(保险金)购买的保险数量来衡量。对消费者来说，当增加保险范围的边际效益等于购买增加保险的成本时，只要其他方面相等，就是购买"适量"的保险。医疗保险需求分析的目的有：

(1)确定人群中应有多少量的医疗保险(保险支付的费用应占总保健开支的百分比)。

(2)医疗保险应负担哪些医疗项目。

(3)该人群中医疗保险提供到什么程度才能达到较高的经济效率。

(一)需求理论

1.效用理论

一般来说，目前医疗保险理论分析都是基于保险的期望效用理论，该理论假定消费者个人出于理性希望自己的效用最大化。在面对疾病风险可能会导致财产损失时，人们有两种选择，一是自我保险，二是购买保险，根据期望效用理论，购买保险比自我保险消费者的效用更大，即人们会通过向保险人支付数额较小的保险费来换取一旦发生疾病后的巨额医疗费用保障。

经济学理论假定理性的消费者会最大化其效用，在面对疾病可能造成的财务损失时，消费者有两种选择：

(1)不确定状态。即消费者自保风险，消费者承担风险，如果疾病没有发生，他没有损失；但如果疾病发生，他不得不支付全部医疗成本。

(2)确定状态。消费者通过购买医疗保险将可能的财务损失转移，其代价是支付保险金。消费者如何选择取决于哪一种选择的效用更大。

保险人和被保险人之间发生健康风险信息不对称时，保险公司无法将高风险与低风险人群区别开，就只能根据所有人群的平均风险来确定保险费率。在这种情况下，高风险人群愿意购买医疗保险，而低风险人群不愿意购买。这时会产生逆选择，逆选择导致了购买人群出现选择偏性，保险公司由于赔付率过高将出现亏损。为了不出现损失，保险公司将会提高保险费率，但当保险费率提高以后，更多的低风险人群退出保险。

2. 预期理论

部分心理学家认为个人选择购买保险基于其收益和损失比较而不是依据其效用曲线。经验数据显示确定的收益比不确定的收益有吸引力，而确定的损失比不确定的损失更糟糕；保险金即是确定的损失，而未来疾病的发生是不确定的损失，该理论认为：个人购买医疗保险是为了不确定的疾病损失产生的确定损失，因此理性消费者会选择不购买医疗保险。

预期理论可以解释国内的商业医疗保险市场现状中逆选择严重性和社会医疗保险中道德风险的严重性。在医疗保险操作中大量存在隐瞒和错告现象，如有意识地隐瞒被保险人的年龄，有意识地隐瞒被保险人的疾病。以目前国内的医疗技术水平，许多严重、恶性疾病早期都可以在一定时期内不表现症状，保险公司所做的一般性体检很少能检出被保险人所患疾病，加之医疗制度对患者病案的保密，使保险人几乎无法确定了解被保险人的真实健康状况。其结果就是大量被保险人带病投保，在保险实务中，很多被保险人一出保险延长期就马山出险，保险人明知其带病投保，却不得不赔付。这些现象都可以从预期理论中投保人几乎全部是必定出险的人来解释。这样，保险人在市场中出路就只能有两条：一是退出市场，二是使自由选择的医疗保险强制化即群组保险。国外相对成熟的商业医疗保险市场现状正是这样，保险公司对个人投保限制严格，其绝大部分医疗保险都指向群组保险市场。

3. 进入理论

医疗保险进入理论是在预期效用理论的基础上发展出来的，他们的基本假定是一致的。进入理论的观点是：人们购买保险不仅是要避免财务损失，还想要提高其支付昂贵医疗服务的能力。

由于医疗技术的进步，原来大量不可治愈的疾病成为常规治疗疾病，一旦这些原先无法治愈的疾病可以治愈，这种治疗的需求就在增加，但同时，其治疗费用会成倍增长。这部分巨额医疗费用是大部分消费者负担不起的，因此，购买医疗保险是进入这些昂贵医疗服务的唯一方法。

二、影响医疗保险需求的因素

（一）避险心态

期望效用理论解释了为什么人们会愿意购买医疗保险，但是期望效用理论的前提是所有的人都是风险厌恶者。除此之外，还存在风险中性者和风险追寻者。风险中性者的效用曲线与期望曲线一致，只购买纯保险。风险追寻者的边际效用随财产增加，效用曲线在期望效用下方，任何时候都不会购买保险。

（二）疾病发生概率

对于概率很高或概率很低的疾病发生，人们愿意支付的保险附加金额要低于中等程度概率的疾病发生事件。损失概率确定的情况下，不会购买保险。

（三）损失大小

对于避险者来说，财务损失越大，其愿意支付保险附加金额越大。损失太小情况下，消费者不愿意购买保险。

（四）保险价格

保险价格（实指保险附加金额）越高，人们愿意投保的范围越小。参保身份是个人还是群组，对保险的价格影响很大。群组参保的价格明显比个人参保价格低，因为群组参保每个人所需的管理成本较低，推销成本也较低；另一方面，群组参保其社会医疗保险可以减少或消除被保人的逆选择行为。

（五）个人收入

在其他条件不变的情况下，个人收入的高低和拥有财产的多少会影响他愿意支付保险附加金的多少。购买力被可支配收入所限，所以最高收入者和最低收入者都倾向于自保。高收入者对医疗保险的需求有另外的原因。作为一种福利，保险金部分是不用交税的。一般来说，高收入希望选择一些保险费高但可获得更好医疗服务的保险。低收入者希望选择那些保费低的保险，如果保险费占消费者个人可支配收入比例过高，他们宁愿选择自保，如果这种现象发生过多，就会加大低收入者因病致贫的机会。社会医疗保险制度设计合理性其一就表现为减少发生这种情况的几率。

（六）需方风险

1. 逆选择

保险人和被保人间发生风险（健康状况）信息不对称时，高风险人群以低风险人群的保险金投保，称为逆选择。

保险公司防范和控制逆选择难度很大，造成了部分医疗保险险种赔付过高，保险公司亏损。另外，这种事前的逆选择虽然并没有改变被保险人的损失率和损失幅度，但是保险人对于保险信息的不了解造成了保险人为保险产品定价困难，最终影响其供给状况，使保险公司难以为继。

2. 道德风险

即使在不存在逆选择的社会医疗保险中，由于保险风险改变了被保险人的激励方向，也会扭曲市场需求。道德风险通过三种形式表现出来：

第一，投保人通过个人行动故意对医疗保健的需求施加影响，如参保后，人们很可能较少努力去避免风险(不注意饮食和锻炼,会吸烟等);个人减少了健康预防措施,势必影响医疗保健的需求概率,导致资源配置效率低下。

第二,为家庭提供的保险项目中存在着医疗服务消费的选择性问题,在某些情况下,个人可以很小的成本获得较大的精神收益,从而影响保险人的成本控制函数。医疗保险"第三方支付"的制度下,"过度消费"的心理倾向也很普遍,人们普遍存在一种多多益善的消费动机。

第三节 医疗保险的纠纷处理与违法责任

一、医疗保险中的纠纷类型

在医疗保险中,相关各方有其自身的利益,相互之间发生冲突、产生纠纷在所难免。根据性质的不同,医疗保险的纠纷可分为行政纠纷和民事纠纷两大类。

1. 医疗保险中的行政纠纷

医疗保险中的行政纠纷是指医疗保险管理机构在行政管理职权的过程中与用人单位、定点医疗机构或被保险人(即被管理者的参保人)之间发生的法律纠纷。在这种纠纷中,双方当事人是一种管理与被管理的关系,而且一方当事人总是医疗保险管理机构。医疗保险行政纠纷往往因被管理方不服医疗保险管理机构的行政处罚、行政强制措施而产生。最常见的医疗保险行政纠纷发生在医疗保险承办机构与被管理的参保人之间。

2. 医疗保险中的民事纠纷

医疗保险中的民事纠纷是指医疗保险法律关系中处于平等地位的各方当事人因财产关系或人身关系而发生的法律纠纷。与行政纠纷中当事人之间的管理与被管理的关系不同,医疗保险中民事纠纷中的当事人在法律地位上是平等的。各方当事人在遵循意思自治、等价有偿、诚实信用等基本原则下,进行医疗保险活动。医疗保险中的民事纠纷常因当事人的违约行为、侵权行为而产生。

二、医疗保险纠纷的处理途径

医疗保险中的纠纷可以通过多种途径予以处理,而行政裁决、行政复议和司法裁判是其中的三种主要途径。

1. 行政裁决

行政裁决是指行政机关根据法律法规的授权,对与行政管理活动密切相关的、与合同无关的特定民事纠纷进行审查,并做出裁决的行政行为。行政裁决是一种依申请的具体行政行为,包括权属纠纷的裁决、侵权纠纷的裁决、损害纠纷的裁决三种类型。

在医疗保险中，被保险人与定点医疗机构之间常因医疗服务质量或医疗服务费用而产生纠纷。而这类纠纷与医疗保险管理机构（特别是医疗保险承办机构）的管理事项密切相关。因此，这类特定的医疗保险民事纠纷可以通过行政裁决的途径予以解决。

2. 行政复议

行政复议是指公民、法人或者其他组织认为行政主体的具体行政行为违法或者不当，侵犯了其合法权益，依法向主管行政机关提出复查该具体行政行为的申请，行政复议机关依照法定程序对被申请的具体行政行为进行合法性、适当性审查，并做出行政复议决定的一种法律制度。行政复议是一种行政机关内部的层级审查监督制度。行政复议机关通过对不合法的或者不当具体行政行为予以撤销和纠正，来救济行政相对人。

在医疗保险中，当用人单位、定点医疗机构或者被保险人等认为医疗保险管理机构的具体行政行为侵犯了其合法权益时，即可向规定的行政复议机关申请行政复议，寻求行政救济。

3. 司法裁判

司法裁判即诉讼，是指国家司法机关在当事人和其他诉讼参与人的参加下，依照法定程序，用裁判或者其他方式解决纠纷、处理案件的专门活动。

根据案件纠纷性质、适用法律、制裁方法等的不同，诉讼可以分为民事诉讼、行政诉讼、和刑事诉讼三种类型。这三种诉讼程序可解决医疗保险中相应的纠纷和案件。

(1)医疗保险中民事纠纷的司法解决。医疗保险中民事纠纷可采用民事诉讼的途径解决。在民事诉讼程序中，当事人有平等的诉讼权利。在法律规定的范围内，当事人有权处分自己的民事实体权利和诉讼权利。法院可以在自愿合法的基础上对纠纷进行调解。

(2)医疗保险中行政纠纷的司法解决。医疗保险中行政纠纷可采用行政诉讼的途径解决。在行政诉讼中，人民法院只对行政机关的具体行政行为的合法性进行审查，并不审查具体行政行为的适当性。诉讼期间，原则上不停止具体行政行为的执行。除有关损害赔偿方面的纠纷外，行政诉讼案件不适用调解原则。

(3)医疗保险中刑事案件的司法解决。在医疗保险中，当有关当事人行为构成犯罪时，则相关刑事案件应当按照刑事诉讼的规定予以处理。医疗保险中的一部分刑事案件由人民检察院立案侦查；一部分诸如被害人有证据证明的轻微刑事案件由人民法院直接受理；其余案件则由公安机关立案侦查。

三、违反医疗保险法的法律责任

（一）医疗保险中的违法主要包括以下四种：

1. 用人单位不按规定的时间、数额缴纳职工的医疗保险费。

2. 定点医疗机构及其工作人员将非医疗保险用药冒充医疗保险用药、将非医疗保险的医疗手段冒充医疗保险范围内的医疗手段以骗取医疗保险金。

3. 被保险人将其医疗保险证件转借、出租给他人就诊或涂改单据以多报冒领医疗保险费。

4. 医疗保险机构工作人员利用职权索贿受贿，或因渎职行为造成医疗保险基金重大损失。

（二）医疗保险中违法行为所导致的法律责任包括民事责任、行政责任和刑事责任三种类型

1. 民事责任

民事责任因行为人违反民事义务而产生。民事义务既可源于法律的直接规定，也可源于当事人直接的约定，如在定点医疗机构与被保险人之间法律关系中，前者有提供合格医疗的义务，后者有足额支付医疗费的义务。当一方当事人未履行其民事义务时，另一方当事人可以请求人民法院采取措施，强制其承担相应的民事责任。根据《中华人民共和国民法通则》的规定，承担民事责任的方式有以下 10 种：停止侵害；排除妨碍；消除危险；返还财产；恢复原状；修理、重作、更换；赔偿损失；支付违约金；消除影响、恢复名誉；赔礼道歉。

2. 行政责任

在医疗保险法律规范中，有关的行政责任都有明确规定，如根据国务院发布的《社会保险费征缴暂行条例》，用人单位未按照规定办理社会保险登记、变更登记或者注销登记，或者未按照申报应缴纳的社会保险费数额情节严重的，对直接负责的主管人员和其他直接责任人员可以处 1000 元以上 5000 元以下的罚款。

3. 刑事责任

在医疗保险中，医疗保险管理机构等的工作人员滥用职权、玩忽职守，致使社会保险费流失构成犯罪的，应当依法追究刑事责任。另外，任何单位、个人挪用医疗保险基金构成犯罪的，也应当依法追究刑事责任。

第四节　各国医疗保险制度的类型

自 19 世纪 80 年代德国颁布第一个疾病保险法以来，医疗保险制度已经有了很大的发展，世界许多国家都建立了医疗保险制度，据有关资料统计，至 1995年，全球共有 105 个国家实行了医疗保险制度，其中，12 个国家的制度仅针对生

育保险，其余 93 个国家建立了既有疾病保险又有生育保险的医疗保险制度。

从各国实行的医疗保险来看，主要有两种类型：一是保健服务型，即所有国民，不论贫富均可以享受政府提供的医疗和保健服务；二是医疗保险型，是指当劳动者及其家属生病时，由社会医疗保险体系提供医疗服务和承担费用。从医疗保险费用给付方式和医疗保险基金管理模式来看，医疗保险制度主要有四种类型：

1. 免费型国民医疗保险，典型者如英国、瑞典

英国于 1946 年制定《国民健康保健法》，对全体国民实行免费医疗。国民保健服务以全民为对象，包括预防、医疗和康复等服务，没有最低条件的限制。医疗服务由与国民健康服务局签订合同的医生或牙医提供，由国民健康服务局提供费用或由公共医院支付。国民没有任何条件限制，均可免费享受国民保健服务。

2. 现收现付型医疗保险，典型者如德国、日本

德国现行医疗保险法律依据是 1989 年 1 月 1 日起生效的《社会法典》第 5 卷的医疗卫生改革法，该法主要规定了法定医疗保险制度。德国约 90% 的人口属于法定医疗保险范围，保险费由雇主和雇员来承担，费率大约是雇员工资的 13.5%，由雇主和雇员各承担 50%，保险费实行现收现付，被保险人的年龄、性别和健康状况与缴费水平无关，享受的医疗待遇也不受缴费多少的影响。医疗保险待遇包括：预防疾病、疾病的早期诊断、治疗疾病、医学康复、支付医疗津贴、支付丧葬补贴等。

3. 个人积累型医疗保险，典型者如新加坡

新加坡于 1955 年开始实施中央公积金计划，其中就包括医疗保险。该制度完全实行个人积累的模式，由雇主和雇员按月依工资的一定比例缴纳公积金，并存入不同的账户，公积金分别有三个不同账户：普遍账户、医疗储蓄账户和特别账户，医疗储蓄账户的存款最高限额为 19000 新元，超出限额的缴费自动转入普遍账户。医疗储蓄主要用于支付雇员及其家人的往院费用，其中包括病房费、医疗费、手术费、检查费等。

4. 混型医疗保险，典型者如美国

美国实行了国家医疗救济助与医疗保险制度相结合的模式，即对一部分人实行国家医疗救助，而对一部分人实行医疗保险制度。具体来说，对于在职的雇员实行医疗保险制度，而对于 65 岁以上的老年人，贫困者和严重的残疾人员，实行政府资助的国家医疗救助模式。

第五节　中国医疗保险制度

中国城镇职工医疗保险制度是在计划经济体制下建立的公费医疗和劳保医疗制度的基础上发展而来的。从 20 世纪 80 年代起，中国开始对城镇传统职工医疗保险制度进行一系列改革。1998 年，国务院颁发了《关于建立城镇职工基本医疗保险制度的决定》。构建了新的城镇职工基本医疗保险制度的基本框架。中国城镇居民基本医疗保险制度主要针对城镇非从业居民医疗保险做了制度安排。农村合作医疗是解决农民医疗保障问题的主要途径，是农村医疗保障制度的最基本形式。

一、中国城镇传统医疗保险制度

(一)公费医疗制度

中国的公费医疗制度是针对机关和事业单位工作人员以及大专院校学生实行的一种免费的医疗卫生保健制度。其经费全部由国家预算拨款，由各级政府卫生行政部门设立公费医疗管理机构统管，或享受单位自管，个人实报实销。这种公费医疗制度属于国家医疗保险形式。

(二)劳保医疗

中国的劳保医疗制度又称企业医疗保险制度，是我国劳动保险制度的一个有机组成部分，是指保障企业职工的健康，通过企业提取的职工福利基金，对企业职工实行免费医疗，职工家属实行减半收费的一项企业医疗保险制度。

(三)中国城镇传统医疗保险制度存在弊端

中国的公费、劳保医疗制度，在保障城镇职工的身体健康、维护社会稳定、恢复和促进经济建设方面曾发挥了积极作用。但随着社会主义市场经济体制的建立以及国有企业改革的不断深化，公费、劳保医疗保险制度已难以解决市场条件下职工的基本医疗保障问题，其弊端日益凸显。具体表现在：

1. 医疗保险覆盖面窄，社会化程度低

这主要表现在以下几个方面：

(1)传统的公费医疗和劳保医疗仅能覆盖国家行政机关、事业单位、国有企业和部分集体企业职工，大量的非国有经济的劳动者(城镇小集体、民营企业职工、三资企业职工和个体工商劳动者)没有纳入其中。

(2)劳保医疗未能体现出企业之间的风险分担。劳保医疗经费由企业自筹，实际是企业自我保险，未能统筹共济，企业抵御大病风险能力有限。企业负担畸轻畸重，在市场经济条件下，不利于企业之间的公平竞争和建立现代企业制度。

(3)公费和劳保医疗制度不统一。公费和劳保医疗的经费分别管理，管理的社会化程度低，在管理政策上不一致，两者各自为政，职工医疗待遇存在差别。

2.医疗社会保险资金筹集机制不健全

传统城镇医疗保险资金筹集机制不健全主要表现在：

（1）国家和单位对职工医疗费用包揽过多。公费医疗、劳保医疗经费完全由政府和企业负担，职工个人不缴纳任何保险费，没有体现权利和义务对等的原则，导致职工没有费用意识，滥用所享受的权利，过度需求和浪费现象严重。

（2）没有科学的经费提取标准、提取办法和调整机制。公费医疗经费受财政状况影响较大，劳保医疗经费提取标准和比例多年不变，致使经费严重不足，超支现象严重。

3.医疗社会保险费用支付方式不合理，缺乏有效的费用控制机制

这主要表现在：

（1）对医疗服务提供缺乏有效的费用控制，通常按服务项目付费的方式支付医疗费用，对医疗服务提供缺乏有力的约束，难以防止供方因追求更多的收入而提供过多的服务，造成医疗资源的严重浪费。

（2）对医疗服务需求方也缺乏有效的费用控制，个人缺乏费用意识和节约观念，追求过量、过高的医疗服务，加速了医疗费用的增长。

4.医疗费用代际转移问题严重

公费医疗和劳保医疗制度均为现收现付制，是一种以近期横向收支平衡为原则的财务模式，其特点是当年提取、当年支付。随着人口老龄化进程的加速，老年劳动人口与生产性人口的比例逐渐上升，甚至出现严重比例失调。医疗费用水平通常是随着年龄的增长而升高。老年人口比例的增加意味着劳动人口在医疗方面的负担加重。代际转移矛盾日益凸显，传统职工医疗保险的制度受到严重挑战。

二、中国城镇居民基本医疗保险制度的改革与发展

中国城镇基本医疗保险制度包括城镇职工基本医疗保险制度和城镇居民基本医疗保险制度。目前，城镇职工基本医疗保险制度已在全国范围内普遍建立，城镇居民基本医疗保险制度试点也在逐步推开。截止2008年底，城镇基本医疗保险参保人数已超过3.1亿人。截止2009年年底，全国参加城镇居民基本医疗保险人数为4.0147亿人。

在总结各地医疗保险制度改革试点经验的基础上，1998年12月，国务院召开了全国医疗保险制度改革会议，颁发了《国务院关于建立城镇职工基本医疗保险制度的决定》，要求各级人民政府加强对医疗保险制度改革的组织领导，提出了在全国范围内建立城镇职工基本医疗保险制度。文件明确了改革的目标任务、基本原则、确定了覆盖范围、缴费办法和建立基本医疗保险统筹基金和个人账户

相结合的医疗保险模式，并规范了基本医疗保险基金的管理和监督，提出了配套推进改革和加强医疗服务管理的要求。

1. 覆盖范围

城镇所有用人单位，包括企业（国有企业、集体企业、外商投资企业、私营企业等）、机关、事业单位、社会团体、民办非企业单位及其职工，都要参加基本医疗保险。乡镇企业、城镇个体经济组织是否参加基本医疗保险由各省、自治区、直辖市人民政府决定。

2. 基本医疗保险费来源

基本医疗保险费由用人单位和职工共同缴纳。用人单位缴费率占职工工资总额的6%左右，职工缴费率一般为本人工资总额的2%左右。

3. 基本医疗保险费的使用

采用基本医疗保险统筹基金和个人账户相结合的方式。职工个人缴费的基本医疗保险费全部记入个人账户。用人单位缴纳的基本医疗保险费分为两部分，一部分用于建立统筹基金，一部分划入个人账户。单位缴费的70%建立统筹基金，单位缴费的30%加上个人缴费构成个人账户。划入个人账户的比例一般为用人单位缴费的30%左右，具体比例由统筹地区决定。统筹基金主要用于支付住院医疗费用和门诊老年病、慢性病等特殊病种医疗费用，个人账户主要用于支付门诊一般疾病费用和住院医疗费用中的个人负担部分。统筹基金设立起付标准和最高支付限额。起付标准原则上控制在当地职工年平均工资的10%左右，最高支付限额原则上控制在当地职工平均工资的4倍左右。起付标准以下的医疗费用从个人账户中支付或个人自付。起付标准以上、最高支付限额以下的医疗费用，主要从统筹基金中支付，个人也要负担一定比例。

三、中国农村合作医疗制度

（一）中国传统农村合作医疗

中国传统农村合作医疗是指在各级政府的支持下，按照"风险分担，互助共济"的原则在农村社区范围内筹集资金，用来补偿农民群众的医疗、预防、保健等服务费用的医疗保障措施，"是人民公社社员依靠集体力量，在自愿互助的基础上建立起来的一种社会主义性质的医疗制度，是社员群众的集体福利事业"。农村合作医疗制度是中国农村卫生工作的重点之一，是农村医疗保障的主要形式，在一定时期内对广大农民的医疗保障起了重要作用。

（二）中国传统农村合作医疗的基本内容

1. 基金筹集

各地按不同情况实行集体资助和个人筹款，建立合作医疗基金。其中，集体补助部分视集体经济不同情况而定，或从公益金中提取，或从乡镇、村企业税后利润中支付，不需个人筹款。

2. 补偿机制医疗

参加合作的农村居民，就医时按集体规定的办法可获得基金补偿，这种补偿分为三种形式：

(1)"福利型"补偿。它对大多数人的"小病"医药费用按比例补偿，又称"保小不保大"，其特点是群众收益面大，参加者均可得到服务和补偿。

(2)"风险型"补偿。此种补偿又称"保大不保小"，其特点是只对重病患者以较大比例的医疗费减免补偿，意义在于防止或减轻农民因病致贫。

(3)"福利风险型"补偿。此种补偿又称"保大也保小"，即无论大病小病均给予一定的医药费减免补偿。

3. 管理体制

按照医疗基金的筹集和核算办法的不同，实行合作医疗的农村卫生机构，可分为村办村管、村办乡管、乡办乡管或乡办县管等不同形式。

(二)中国新型农村合作医疗

新型农村合作医疗制度的内容概括起来有以下六点：

1. 新型农村合作医疗的目标与原则

(1)自愿参加，多方筹资。农民以家庭为单位自愿参加新型农村合作医疗，遵守有关规章制度，按时足额缴纳合作医疗经费；乡镇、村要给予资金扶持；中央和地方各级财政每年要安排一定专项资金予以支持。

(2)以收定支，保障适度。新型农村合作医疗制度要坚持"以收定支，收支平衡"的原则，既保证这项制度持续有效的运行，又使农民能够享有最基本的医疗服务。

(3)先行试点，逐步推广。建立新型农村合作医疗制度必须从实际出发，通过试点总结经验，不断完善，稳步发展。

2. 筹资机制

2003年国务院办公厅转发卫生部等部门《关于建立新型农村合作医疗制度意见》(以下简称《意见》)的通知。《意见》规定农民以家庭为单位自愿参加，乡(镇)、村集体给予资金扶持，中央和地方各级财政每年安排一定专项资金予以支持。并根据农民收入的情况，合理确定个人缴费数额。原则上农民个人每年每人缴费不低于10元，经济发达地区可在农民自愿的基础上，根据农民收入水平及实际需要相应地提高缴费标准。

3. 组织管理

组织管理新型农村合作医疗以县(市)为单位进行筹资和管理，扩大了合作医疗的社会共济范围，有利于提高合作医疗抵御大病风险的能力。

4. 资金管理

农村合作医疗基金是农民自愿缴纳，集体扶持、政府资助的民办公助的社会性基金，按照"以收定支，收支平衡"和"公平、公开、公正"的原则进行管理，必须专款专用，专户储存，不得挤占和挪用。农村合作医疗基金由农村合作医疗管理委员会及其办事机构管理。

5. 补足办法和保障水平

各地新型农村合作医疗制度都实行大病统筹为主的办法，只补助患病住院的医疗费用，将重点放在迫切需要解决的农民因患大病而致贫的问题上，对农民的大额医药费用或住院医药费用进行补助。

6. 医疗服务管理

加强对新型农村合作医疗制度的医疗服务质量管理，强化对农村医疗卫生服务机构的行业管理，积极推进农村医药卫生体制改革，不断加强农村三级医疗服务体系建设，提高农村医疗卫生服务的能力和水平。

☞ 【案例】

深圳市社保局在对中联大药房 2009 年 7 月至 12 月刷社会保障卡的情况进行了检查，发现该公司的医保定点零售药店存在以药易物、以药易药、不核验社会保障卡、不核对医保处方、录入电脑医保记账系统的项目和费用信息与参保人实际购药情况不相符等一系列违反医疗保险规定的情形，且违规金额高达 1833621 元，为深圳建市以来查实骗保金额最大的一单。

市社保局要求立即停止所有违规行为，责令该公司立即退回违规金额 1833621 元，并责令该公司自行追究和处理违规医保药店主要负责人的责任。并根据双方签订的协议书和约定的违约金，对中联大药房进行处罚。

问题：

1. 本案例说明医保管理体制存在哪些问题？

2. 如何避免？

思考与练习

1. 中国城镇传统医疗保险制度有哪些？

2. 医疗保险的纠纷处理与违法责任？

3. 医疗保险立法的主要内容？

（张颖杰）

附　录

中华人民共和国国务院令(第517号)——护士条例

中华人民共和国国务院令

第 517 号

《护士条例》已经2008年1月23日国务院第206次常务会议通过,现予公布,自2008年5月12日起施行。

总　理　温家宝

二○○八年一月三十一日

护士条例

第一章　总则

第一条　为了维护护士的合法权益,规范护理行为,促进护理事业发展,保障医疗安全和人体健康,制定本条例。

第二条　本条例所称护士,是指经执业注册取得护士执业证书,依照本条例规定从事护理活动,履行保护生命、减轻痛苦、增进健康职责的卫生技术人员。

第三条　护士人格尊严、人身安全不受侵犯。护士依法履行职责,受法律保护。

全社会应当尊重护士。

第四条　国务院有关部门、县级以上地方人民政府及其有关部门以及乡(镇)人民政府应当采取措施,改善护士的工作条件,保障护士待遇,加强护士队伍建设,促进护理事业健康发展。

国务院有关部门和县级以上地方人民政府应当采取措施,鼓励护士到农村、基层医疗卫生机构工作。

第五条　国务院卫生主管部门负责全国的护士监督管理工作。

县级以上地方人民政府卫生主管部门负责本行政区域的护士监督管理工作。

第六条　国务院有关部门对在护理工作中做出杰出贡献的护士,应当授予全国卫生系统先进工作者荣誉称号或者颁发白求恩奖章，受到表彰、奖励的护士享受省部级劳动模范、先进工作者待遇；对长期从事护理工作的护士应当颁发荣誉证书。具体办法由国务院有关部门制定。

县级以上地方人民政府及其有关部门对本行政区域内做出突出贡献的护士，按照省、自治区、直辖市人民政府的有关规定给予表彰、奖励。

第二章 执业注册

第七条 护士执业，应当经执业注册取得护士执业证书。

申请护士执业注册，应当具备下列条件：

（一）具有完全民事行为能力；

（二）在中等职业学校、高等学校完成国务院教育主管部门和国务院卫生主管部门规定的普通全日制 3 年以上的护理、助产专业课程学习，包括在教学、综合医院完成 8 个月以上护理临床实习，并取得相应学历证书；

（三）通过国务院卫生主管部门组织的护士执业资格考试；

（四）符合国务院卫生主管部门规定的健康标准。

护士执业注册申请，应当自通过护士执业资格考试之日起 3 年内提出；逾期提出申请的，除应当具备前款第（一）项、第（二）项和第（四）项规定条件外，还应当在符合国务院卫生主管部门规定条件的医疗卫生机构接受 3 个月临床护理培训并考核合格。

护士执业资格考试办法由国务院卫生主管部门会同国务院人事部门制定。

第八条 申请护士执业注册的，应当向拟执业地省、自治区、直辖市人民政府卫生主管部门提出申请。收到申请的卫生主管部门应当自收到申请之日起 20 个工作日内做出决定，对具备本条例规定条件的，准予注册，并发给护士执业证书；对不具备本条例规定条件的，不予注册，并书面说明理由。

护士执业注册有效期为 5 年。

第九条 护士在其执业注册有效期内变更执业地点的，应当向拟执业地省、自治区、直辖市人民政府卫生主管部门报告。收到报告的卫生主管部门应当自收到报告之日起 7 个工作日内为其办理变更手续。护士跨省、自治区、直辖市变更执业地点的，收到报告的卫生主管部门还应当向其原执业地省、自治区、直辖市人民政府卫生主管部门通报。

第十条 护士执业注册有效期届满需要继续执业的，应当在护士执业注册有效期届满前 30 日向执业地省、自治区、直辖市人民政府卫生主管部门申请延续注册。收到申请的卫生主管部门对具备本条例规定条件的，准予延续，延续执业注册有效期为 5 年；对不具备本条例规定条件的，不予延续，并书面说明理由。

护士有行政许可法规定的应当予以注销执业注册情形的，原注册部门应当依照行政许可法的规定注销其执业注册。

第十一条　县级以上地方人民政府卫生主管部门应当建立本行政区域的护士执业良好记录和不良记录，并将该记录记入护士执业信息系统。

护士执业良好记录包括护士受到的表彰、奖励以及完成政府指令性任务的情况等内容。护士执业不良记录包括护士因违反本条例以及其他卫生管理法律、法规、规章或者诊疗技术规范的规定受到行政处罚、处分的情况等内容。

第三章　权利和义务

第十二条　护士执业，有按照国家有关规定获取工资报酬、享受福利待遇、参加社会保险的权利。任何单位或者个人不得克扣护士工资，降低或者取消护士福利等待遇。

第十三条　护士执业，有获得与其所从事的护理工作相适应的卫生防护、医疗保健服务的权利。从事直接接触有毒有害物质、有感染传染病危险工作的护士，有依照有关法律、行政法规的规定接受职业健康监护的权利；患职业病的，有依照有关法律、行政法规的规定获得赔偿的权利。

第十四条　护士有按照国家有关规定获得与本人业务能力和学术水平相应的专业技术职务、职称的权利；有参加专业培训、从事学术研究和交流、参加行业协会和专业学术团体的权利。

第十五条　护士有获得疾病诊疗、护理相关信息的权利和其他与履行护理职责相关的权利，可以对医疗卫生机构和卫生主管部门的工作提出意见和建议。

第十六条　护士执业，应当遵守法律、法规、规章和诊疗技术规范的规定。

第十七条　护士在执业活动中，发现患者病情危急，应当立即通知医师；在紧急情况下为抢救垂危患者生命，应当先行实施必要的紧急救护。

护士发现医嘱违反法律、法规、规章或者诊疗技术规范规定的，应当及时向开具医嘱的医师提出；必要时，应当向该医师所在科室的负责人或者医疗卫生机构负责医疗服务管理的人员报告。

第十八条　护士应当尊重、关心、爱护患者，保护患者的隐私。

第十九条　护士有义务参与公共卫生和疾病预防控制工作。发生自然灾害、公共卫生事件等严重威胁公众生命健康的突发事件，护士应当服从县级以上人民政府卫生主管部门或者所在医疗卫生机构的安排，参加医疗救护。

第四章　医疗卫生机构的职责

第二十条　医疗卫生机构配备护士的数量不得低于国务院卫生主管部门规定的护士配备标准。

第二十一条　医疗卫生机构不得允许下列人员在本机构从事诊疗技术规范规

定的护理活动：

（一）未取得护士执业证书的人员；

（二）未依照本条例第九条的规定办理执业地点变更手续的护士；

（三）护士执业注册有效期届满未延续执业注册的护士。

在教学、综合医院进行护理临床实习的人员应当在护士指导下开展有关工作。

第二十二条　医疗卫生机构应当为护士提供卫生防护用品，并采取有效的卫生防护措施和医疗保健措施。

第二十三条　医疗卫生机构应当执行国家有关工资、福利待遇等规定，按照国家有关规定为在本机构从事护理工作的护士足额缴纳社会保险费用，保障护士的合法权益。

对在艰苦边远地区工作，或者从事直接接触有毒有害物质、有感染传染病危险工作的护士，所在医疗卫生机构应当按照国家有关规定给予津贴。

第二十四条　医疗卫生机构应当制定、实施本机构护士在职培训计划，并保证护士接受培训。

护士培训应当注重新知识、新技术的应用；根据临床专科护理发展和专科护理岗位的需要，开展对护士的专科护理培训。

第二十五条　医疗卫生机构应当按照国务院卫生主管部门的规定，设置专门机构或者配备专（兼）职人员负责护理管理工作。

第二十六条　医疗卫生机构应当建立护士岗位责任制并进行监督检查。

护士因不履行职责或者违反职业道德受到投诉的，其所在医疗卫生机构应当进行调查。经查证属实的，医疗卫生机构应当对护士做出处理，并将调查处理情况告知投诉人。

第五章　法律责任

第二十七条　卫生主管部门的工作人员未依照本条例规定履行职责，在护士监督管理工作中滥用职权、徇私舞弊，或者有其他失职、渎职行为的，依法给予处分；构成犯罪的，依法追究刑事责任。

第二十八条　医疗卫生机构有下列情形之一的，由县级以上地方人民政府卫生主管部门依据职责分工责令限期改正，给予警告；逾期不改正的，根据国务院卫生主管部门规定的护士配备标准和在医疗卫生机构合法执业的护士数量核减其诊疗科目，或者暂停其6个月以上1年以下执业活动；国家举办的医疗卫生机构有下列情形之一、情节严重的，还应当对负有责任的主管人员和其他直接责任人员依法给予处分：

（一）违反本条例规定，护士的配备数量低于国务院卫生主管部门规定的护士配备标准的；

（二）允许未取得护士执业证书的人员或者允许未依照本条例规定办理执业地点变更手续、延续执业注册有效期的护士在本机构从事诊疗技术规范规定的护理活动的。

第二十九条　医疗卫生机构有下列情形之一的，依照有关法律、行政法规的规定给予处罚；国家举办的医疗卫生机构有下列情形之一、情节严重的，还应当对负有责任的主管人员和其他直接责任人员依法给予处分：

（一）未执行国家有关工资、福利待遇等规定的；

（二）对在本机构从事护理工作的护士，未按照国家有关规定足额缴纳社会保险费用的；

（三）未为护士提供卫生防护用品，或者未采取有效的卫生防护措施、医疗保健措施的；

（四）对在艰苦边远地区工作，或者从事直接接触有毒有害物质、有感染传染病危险工作的护士，未按照国家有关规定给予津贴的。

第三十条　医疗卫生机构有下列情形之一的，由县级以上地方人民政府卫生主管部门依据职责分工责令限期改正，给予警告：

（一）未制定、实施本机构护士在职培训计划或者未保证护士接受培训的；

（二）未依照本条例规定履行护士管理职责的。

第三十一条　护士在执业活动中有下列情形之一的，由县级以上地方人民政府卫生主管部门依据职责分工责令改正，给予警告；情节严重的，暂停其6个月以上1年以下执业活动，直至由原发证部门吊销其护士执业证书：

（一）发现患者病情危急未立即通知医师的；

（二）发现医嘱违反法律、法规、规章或者诊疗技术规范的规定，未依照本条例第十七条的规定提出或者报告的；

（三）泄露患者隐私的；

（四）发生自然灾害、公共卫生事件等严重威胁公众生命健康的突发事件，不服从安排参加医疗救护的。

护士在执业活动中造成医疗事故的，依照医疗事故处理的有关规定承担法律责任。

第三十二条　护士被吊销执业证书的，自执业证书被吊销之日起2年内不得申请执业注册。

第三十三条　扰乱医疗秩序，阻碍护士依法开展执业活动，侮辱、威胁、殴打护士，或者有其他侵犯护士合法权益行为的，由公安机关依照治安管理处罚法的规定给予处罚；构成犯罪的，依法追究刑事责任。

第六章 附则

第三十四条 本条例施行前按照国家有关规定已经取得护士执业证书或者护理专业技术职称、从事护理活动的人员，经执业地省、自治区、直辖市人民政府卫生主管部门审核合格，换领护士执业证书。

本条例施行前，尚未达到护士配备标准的医疗卫生机构，应当按照国务院卫生主管部门规定的实施步骤，自本条例施行之日起3年内达到护士配备标准。

第三十五条 本条例自2008年5月12日起施行。

中华人民共和国卫生部令

第 59 号

《护士执业注册管理办法》已于2008年5月4日经卫生部部务会议讨论通过，现予以发布，自2008年5月12日起施行。

部 长 陈 竺
二〇〇八年五月六日

护士执业注册管理办法

第一条 为了规范护士执业注册管理，根据《护士条例》，制定本办法。

第二条 护士经执业注册取得《护士执业证书》后，方可按照注册的执业地点从事护理工作。

未经执业注册取得《护士执业证书》者，不得从事诊疗技术规范规定的护理活动。

第三条 卫生部负责全国护士执业注册监督管理工作。

省、自治区、直辖市人民政府卫生行政部门是护士执业注册的主管部门，负责本行政区域的护士执业注册管理工作。

第四条 省、自治区、直辖市人民政府卫生行政部门结合本行政区域的实际情况，制定护士执业注册工作的具体办法，并报卫生部备案。

第五条 申请护士执业注册，应当具备下列条件：

(一)具有完全民事行为能力；

(二)在中等职业学校、高等学校完成教育部和卫生部规定的普通全日制3年以上的护理、助产专业课程学习，包括在教学、综合医院完成 8 个月以上护理临床实习，并取得相应学历证书；

（三）通过卫生部组织的护士执业资格考试；

四)符合本办法第六条规定的健康标准。

第六条　申请护士执业注册，应当符合下列健康标准：

（一)无精神病史；

（二)无色盲、色弱、双耳听力障碍；

（三)无影响履行护理职责的疾病、残疾或者功能障碍。

第七条　申请护士执业注册，应当提交下列材料：

（一)护士执业注册申请审核表；

（二)申请人身份证明；

（三)申请人学历证书及专业学习中的临床实习证明；

（四)护士执业资格考试成绩合格证明；

（五)省、自治区、直辖市人民政府卫生行政部门指定的医疗机构出具的申请人 6 个月内健康体检证明；

（六)医疗卫生机构拟聘用的相关材料。

第八条　卫生行政部门应当自受理申请之日起 20 个工作日内，对申请人提交的材料进行审核。审核合格的，准予注册，发给《护士执业证书》；对不符合规定条件的，不予注册，并书面说明理由。

《护士执业证书》上应当注明护士的姓名、性别、出生日期等个人信息及证书编号、注册日期和执业地点。

《护士执业证书》由卫生部统一印制。

第九条　护士执业注册申请，应当自通过护士执业资格考试之日起 3 年内提出；逾期提出申请的，除本办法第七条规定的材料外，还应当提交在省、自治区、直辖市人民政府卫生行政部门规定的教学、综合医院接受 3 个月临床护理培训并考核合格的证明。

第十条　护士执业注册有效期为 5 年。护士执业注册有效期届满需要继续执业的，应当在有效期届满前 30 日，向原注册部门申请延续注册。

第十一条　护士申请延续注册，应当提交下列材料：

（一)护士延续注册申请审核表；

（二)申请人的《护士执业证书》；

（三)省、自治区、直辖市人民政府卫生行政部门指定的医疗机构出具的申请人 6 个月内健康体检证明。

第十二条　注册部门自受理延续注册申请之日起 20 日内进行审核。审核合格的，予以延续注册。

第十三条　有下列情形之一的，不予延续注册：

（一）不符合本办法第六条规定的健康标准的；

（二）被处暂停执业活动处罚期限未满的。

第十四条　医疗卫生机构可以为本机构聘用的护士集体申请办理护士执业注册和延续注册。

第十五条　有下列情形之一的，拟在医疗卫生机构执业时，应当重新申请注册：

（一）注册有效期届满未延续注册的；

（二）受吊销《护士执业证书》处罚，自吊销之日起满 2 年的。

重新申请注册的，按照本办法第七条的规定提交材料；中断护理执业活动超过 3 年的，还应当提交在省、自治区、直辖市人民政府卫生行政部门规定的教学、综合医院接受 3 个月临床护理培训并考核合格的证明。

第十六条　护士在其执业注册有效期内变更执业地点等注册项目，应当办理变更注册。

但承担卫生行政部门交办或者批准的任务以及履行医疗卫生机构职责的护理活动，包括经医疗卫生机构批准的进修、学术交流等除外。

第十七条　护士在其执业注册有效期内变更执业地点的，应当向拟执业地注册主管部门报告，并提交下列材料：

（一）护士变更注册申请审核表；

（二）申请人的《护士执业证书》。

注册部门应当自受理之日起 7 个工作日内为其办理变更手续。

护士跨省、自治区、直辖市变更执业地点的，收到报告的注册部门还应当向其原执业地注册部门通报。

省、自治区、直辖市人民政府卫生行政部门应当通过护士执业注册信息系统，为护士变更注册提供便利。

第十八条　护士执业注册后有下列情形之一的，原注册部门办理注销执业注册：

（一）注册有效期届满未延续注册；

（二）受吊销《护士执业证书》处罚；

（三）护士死亡或者丧失民事行为能力。

第十九条　卫生行政部门实施护士执业注册，有下列情形之一的，由其上级卫生行政部门或者监察机关责令改正，对直接负责的主管人员或者其他直接责任人员依法给予行政处分：

（一）对不符合护士执业注册条件者准予护士执业注册的；

（二）对符合护士执业注册条件者不予护士执业注册的。

第二十条　护士执业注册申请人隐瞒有关情况或者提供虚假材料申请护士执业注册的，卫生行政部门不予受理或者不予护士执业注册，并给予警告；已经注册的，应当撤销注册。

第二十一条　在内地完成护理、助产专业学习的香港、澳门特别行政区及台湾地区人员，符合本办法第五条、第六条、第七条规定的，可以申请护士执业注册。

第二十二条　计划生育技术服务机构护士的执业注册管理适用本办法的规定。

第二十三条　本办法下列用语的含义：

教学医院，是指与中等职业学校、高等学校有承担护理临床实习任务的合同关系，并能够按照护理临床实习教学计划完成教学任务的医院。

综合医院，是指依照《医疗机构管理条例》、《医疗机构基本标准》的规定，符合综合医院基本标准的医院。

第二十四条　本办法自 2008 年 5 月 12 日起施行。

中华人民共和国国务院令（第 376 号）——突发公共卫生事件应急条例
中华人民共和国国务院令

第 376 号

《突发公共卫生事件应急条例》已经 2003 年 5 月 7 日国务院第 7 次常务会议通过，现予公布，自公布之日起施行。

总　理　温家宝
二 00 三年五月九日

突发公共卫生事件应急条例

第一章　总　则

第一条　为了有效预防、及时控制和消除突发公共卫生事件的危害，保障公众身体健康与生命安全，维护正常的社会秩序，制定本条例。

第二条　本条例所称突发公共卫生事件（以下简称突发事件），是指突然发生，造成或者可能造成社会公众健康严重损害的重大传染病疫情、群体性不明原因疾病、重大食物和职业中毒以及其他严重影响公众健康的事件。

第三条　突发事件发生后，国务院设立全国突发事件应急处理指挥部，由国务院有关部门和军队有关部门组成，国务院主管领导人担任总指挥，负责对全国突发事件应急处理的统一领导、统一指挥。

国务院卫生行政主管部门和其他有关部门，在各自的职责范围内做好突发事件应急处理的有关工作。

第四条　突发事件发生后，省、自治区、直辖市人民政府成立地方突发事件应急处理指挥部，省、自治区、直辖市人民政府主要领导人担任总指挥，负责领导、指挥本行政区域内突发事件应急处理工作。

县级以上地方人民政府卫生行政主管部门，具体负责组织突发事件的调查、控制和医疗救治工作。

县级以上地方人民政府有关部门，在各自的职责范围内做好突发事件应急处理的有关工作。

第五条　突发事件应急工作，应当遵循预防为主、常备不懈的方针，贯彻统一领导、分级负责、反应及时、措施果断、依靠科学、加强合作的原则。

第六条　县级以上各级人民政府应当组织开展防治突发事件相关科学研究，建立突发事件应急流行病学调查、传染源隔离、医疗救护、现场处置、监督检查、监测检验、卫生防护等有关物资、设备、设施、技术与人才资源储备，所需经费列入本级政府财政预算。

国家对边远贫困地区突发事件应急工作给予财政支持。

第七条　国家鼓励、支持开展突发事件监测、预警、反应处理有关技术的国际交流与合作。

第八条　国务院有关部门和县级以上地方人民政府及其有关部门，应当建立严格的突发事件防范和应急处理责任制，切实履行各自的职责，保证突发事件应急处理工作的正常进行。

第九条　县级以上各级人民政府及其卫生行政主管部门，应当对参加突发事件应急处理的医疗卫生人员，给予适当补助和保健津贴；对参加突发事件应急处理作出贡献的人员，给予表彰和奖励；对因参与应急处理工作致病、致残、死亡的人员，按照国家有关规定，给予相应的补助和抚恤。

第二章　预防与应急准备

第十条　国务院卫生行政主管部门按照分类指导、快速反应的要求，制定全国突发事件应急预案，报请国务院批准。

省、自治区、直辖市人民政府根据全国突发事件应急预案，结合本地实际情况，制定本行政区域的突发事件应急预案。

第十一条　全国突发事件应急预案应当包括以下主要内容：

（一）突发事件应急处理指挥部的组成和相关部门的职责；

（二）突发事件的监测与预警；

（三）突发事件信息的收集、分析、报告、通报制度；

（四）突发事件应急处理技术和监测机构及其任务；

（五）突发事件的分级和应急处理工作方案；

（六）突发事件预防、现场控制，应急设施、设备、救治药品和医疗器械以及其他物资和技术的储备与调度；

（七）突发事件应急处理专业队伍的建设和培训。

第十二条　突发事件应急预案应当根据突发事件的变化和实施中发现的问题及时进行修订、补充。

第十三条　地方各级人民政府应当依照法律、行政法规的规定，做好传染病预防和其他公共卫生工作，防范突发事件的发生。

县级以上各级人民政府卫生行政主管部门和其他有关部门，应当对公众开展突发事件应急知识的专门教育，增强全社会对突发事件的防范意识和应对能力。

第十四条　国家建立统一的突发事件预防控制体系。

县级以上地方人民政府应当建立和完善突发事件监测与预警系统。

县级以上各级人民政府卫生行政主管部门，应当指定机构负责开展突发事件的日常监测，并确保监测与预警系统的正常运行。

第十五条　监测与预警工作应当根据突发事件的类别，制定监测计划，科学分析、综合评价监测数据。对早期发现的潜在隐患以及可能发生的突发事件，应当依照本条例规定的报告程序和时限及时报告。

第十六条　国务院有关部门和县级以上地方人民政府及其有关部门，应当根据突发事件应急预案的要求，保证应急设施、设备、救治药品和医疗器械等物资储备。

第十七条　县级以上各级人民政府应当加强急救医疗服务网络的建设，配备相应的医疗救治药物、技术、设备和人员，提高医疗卫生机构应对各类突发事件的救治能力。

设区的市级以上地方人民政府应当设置与传染病防治工作需要相适应的传染病专科医院，或者指定具备传染病防治条件和能力的医疗机构承担传染病防治任务。

第十八条　县级以上地方人民政府卫生行政主管部门，应当定期对医疗卫生机构和人员开展突发事件应急处理相关知识、技能的培训，定期组织医疗卫生机构进行突发事件应急演练，推广最新知识和先进技术。

第三章　报告与信息发布

第十九条　国家建立突发事件应急报告制度。

国务院卫生行政主管部门制定突发事件应急报告规范，建立重大、紧急疫情信息报告系统。

有下列情形之一的，省、自治区、直辖市人民政府应当在接到报告1小时内，向国务院卫生行政主管部门报告：

（一）发生或者可能发生传染病暴发、流行的；

（二）发生或者发现不明原因的群体性疾病的；

（三）发生传染病菌种、毒种丢失的；

（四）发生或者可能发生重大食物和职业中毒事件的。

国务院卫生行政主管部门对可能造成重大社会影响的突发事件，应当立即向国务院报告。

第二十条　突发事件监测机构、医疗卫生机构和有关单位发现有本条例第十九条规定情形之一的，应当在2小时内向所在地县级人民政府卫生行政主管部门报告；接到报告的卫生行政主管部门应当在2小时内向本级人民政府报告，并同时向上级人民政府卫生行政主管部门和国务院卫生行政主管部门报告。

县级人民政府应当在接到报告后2小时内向设区的市级人民政府或者上一级人民政府报告；设区的市级人民政府应当在接到报告后2小时内向省、自治区、直辖市人民政府报告。

第二十一条　任何单位和个人对突发事件，不得隐瞒、缓报、谎报或者授意他人隐瞒、缓报、谎报。

第二十二条　接到报告的地方人民政府、卫生行政主管部门依照本条例规定报告的同时，应当立即组织力量对报告事项调查核实、确证，采取必要的控制措施，并及时报告调查情况。

第二十三条　国务院卫生行政主管部门应当根据发生突发事件的情况，及时向国务院有关部门和各省、自治区、直辖市人民政府卫生行政主管部门以及军队有关部门通报。突发事件发生地的省、自治区、直辖市人民政府卫生行政主管部门，应当及时向毗邻省、自治区、直辖市人民政府卫生行政主管部门通报。

接到通报的省、自治区、直辖市人民政府卫生行政主管部门，必要时应当及时通知本行政区域内的医疗卫生机构。

县级以上地方人民政府有关部门，已经发生或者发现可能引起突发事件的情形时，应当及时向同级人民政府卫生行政主管部门通报。

第二十四条　国家建立突发事件举报制度，公布统一的突发事件报告、举报电话。

任何单位和个人有权向人民政府及其有关部门报告突发事件隐患，有权向上级人民政府及其有关部门举报地方人民政府及其有关部门不履行突发事件应急处理职责，或者不按照规定履行职责的情况。接到报告、举报的有关人民政府及其有关部门，应当立即组织对突发事件隐患、不履行或者不按照规定履行突发事件应急处理职责的情况进行调查处理。

对举报突发事件有功的单位和个人，县级以上各级人民政府及其有关部门应当予以奖励。

第二十五条　国家建立突发事件的信息发布制度。

国务院卫生行政主管部门负责向社会发布突发事件的信息。必要时，可以授权省、自治区、直辖市人民政府卫生行政主管部门向社会发布本行政区域内突发事件的信息。信息发布应当及时、准确、全面。

第四章　应急处理

第二十六条　突发事件发生后，卫生行政主管部门应当组织专家对突发事件进行综合评估，初步判断突发事件的类型，提出是否启动突发事件应急预案的建议。

第二十七条　在全国范围内或者跨省、自治区、直辖市范围内启动全国突发事件应急预案，由国务院卫生行政主管部门报国务院批准后实施。省、自治区、直辖市启动突发事件应急预案，由省、自治区、直辖市人民政府决定，并向国务院报告。

第二十八条　全国突发事件应急处理指挥部对突发事件应急处理工作进行督察和指导，地方各级人民政府及其有关部门应当予以配合。

省、自治区、直辖市突发事件应急处理指挥部对本行政区域内突发事件应急处理工作进行督察和指导。

第二十九条　省级以上人民政府卫生行政主管部门或者其他有关部门指定的突发事件应急处理专业技术机构，负责突发事件的技术调查、确证、处置、控制和评价工作。

第三十条　国务院卫生行政主管部门对新发现的突发传染病，根据危害程度、流行强度，依照《中华人民共和国传染病防治法》的规定及时宣布为法定传染病；宣布为甲类传染病的，由国务院决定。

第三十一条　应急预案启动前，县级以上各级人民政府有关部门应当根据突发事件的实际情况，做好应急处理准备，采取必要的应急措施。

应急预案启动后，突发事件发生地的人民政府有关部门，应当根据预案规定的职责要求，服从突发事件应急处理指挥部的统一指挥，立即到达规定岗位，采取有关的控制措施。

医疗卫生机构、监测机构和科学研究机构，应当服从突发事件应急处理指挥部的统一指挥，相互配合、协作，集中力量开展相关的科学研究工作。

第三十二条　突发事件发生后，国务院有关部门和县级以上地方人民政府及其有关部门，应当保证突发事件应急处理所需的医疗救护设备、救治药品、医疗器械等物资的生产、供应；铁路、交通、民用航空行政主管部门应当保证及时运送。

第三十三条　根据突发事件应急处理的需要，突发事件应急处理指挥部有权紧急调集人员、储备的物资、交通工具以及相关设施、设备；必要时，对人员进行疏散或者隔离，并可以依法对传染病疫区实行封锁。

第三十四条　突发事件应急处理指挥部根据突发事件应急处理的需要，可以对食物和水源采取控制措施。

县级以上地方人民政府卫生行政主管部门应当对突发事件现场等采取控制措施，宣传突发事件防治知识，及时对易受感染的人群和其他易受损害的人群采取应急接种、预防性投药、群体防护等措施。

第三十五条　参加突发事件应急处理的工作人员，应当按照预案的规定，采取卫生防护措施，并在专业人员的指导下进行工作。

第三十六条　国务院卫生行政主管部门或者其他有关部门指定的专业技术机构，有权进入突发事件现场进行调查、采样、技术分析和检验，对地方突发事件的应急处理工作进行技术指导，有关单位和个人应当予以配合；任何单位和个人不得以任何理由予以拒绝。

第三十七条　对新发现的突发传染病、不明原因的群体性疾病、重大食物和职业中毒事件，国务院卫生行政主管部门应当尽快组织力量制定相关的技术标准、规范和控制措施。

第三十八条　交通工具上发现根据国务院卫生行政主管部门的规定需要采取应急控制措施的传染病病人、疑似传染病病人，其负责人应当以最快的方式通知前方停靠点，并向交通工具的营运单位报告。交通工具的前方停靠点和营运单位应当立即向交通工具营运单位行政主管部门和县级以上地方人民政府卫生行政主管部门报告。卫生行政主管部门接到报告后，应当立即组织有关人员采取相应的医学处置措施。

交通工具上的传染病病人密切接触者，由交通工具停靠点的县级以上各级人民政府卫生行政主管部门或者铁路、交通、民用航空行政主管部门，根据各自的职责，依照传染病防治法律、行政法规的规定，采取控制措施。

涉及国境口岸和入出境的人员、交通工具、货物、集装箱、行李、邮包等需要采取传染病应急控制措施的，依照国境卫生检疫法律、行政法规的规定办理。

第三十九条　医疗卫生机构应当对因突发事件致病的人员提供医疗救护和现

场救援，对就诊病人必须接诊治疗，并书写详细、完整的病历记录；对需要转送的病人，应当按照规定将病人及其病历记录的复印件转送至接诊的或者指定的医疗机构。

医疗卫生机构内应当采取卫生防护措施，防止交叉感染和污染。

医疗卫生机构应当对传染病病人密切接触者采取医学观察措施，传染病病人密切接触者应当予以配合。

医疗机构收治传染病病人、疑似传染病病人，应当依法报告所在地的疾病预防控制机构。接到报告的疾病预防控制机构应当立即对可能受到危害的人员进行调查，根据需要采取必要的控制措施。

第四十条 传染病暴发、流行时，街道、乡镇以及居民委员会、村民委员会应当组织力量，团结协作，群防群治，协助卫生行政主管部门和其他有关部门、医疗卫生机构做好疫情信息的收集和报告、人员的分散隔离、公共卫生措施的落实工作，向居民、村民宣传传染病防治的相关知识。

第四十一条 对传染病暴发、流行区域内流动人口，突发事件发生地的县级以上地方人民政府应当做好预防工作，落实有关卫生控制措施；对传染病病人和疑似传染病病人，应当采取就地隔离、就地观察、就地治疗的措施。对需要治疗和转诊的，应当依照本条例第三十九条第一款的规定执行。

第四十二条 有关部门、医疗卫生机构应当对传染病做到早发现、早报告、早隔离、早治疗，切断传播途径，防止扩散。

第四十三条 县级以上各级人民政府应当提供必要资金，保障因突发事件致病、致残的人员得到及时、有效的救治。具体办法由国务院财政部门、卫生行政主管部门和劳动保障行政主管部门制定。

第四十四条 在突发事件中需要接受隔离治疗、医学观察措施的病人、疑似病人和传染病病人密切接触者在卫生行政主管部门或者有关机构采取医学措施时应当予以配合；拒绝配合的，由公安机关依法协助强制执行。

第五章 法律责任

第四十五条 县级以上地方人民政府及其卫生行政主管部门未依照本条例的规定履行报告职责，对突发事件隐瞒、缓报、谎报或者授意他人隐瞒、缓报、谎报的，对政府主要领导人及其卫生行政主管部门主要负责人，依法给予降级或者撤职的行政处分；造成传染病传播、流行或者对社会公众健康造成其他严重危害后果的，依法给予开除的行政处分；构成犯罪的，依法追究刑事责任。

第四十六条 国务院有关部门、县级以上地方人民政府及其有关部门未依照本条例的规定，完成突发事件应急处理所需要的设施、设备、药品和医疗器械等物资的生产、供应、运输和储备的，对政府主要领导人和政府部门主要负责人依法给予降级或者撤职的行政处分；造成传染病传播、流行或者对社会公众健康造成其他严重危害后果的，依法给予开除的行政处分；构成犯罪的，依法追究刑事责任。

第四十七条　突发事件发生后，县级以上地方人民政府及其有关部门对上级人民政府有关部门的调查不予配合，或者采取其他方式阻碍、干涉调查的，对政府主要领导人和政府部门主要负责人依法给予降级或者撤职的行政处分；构成犯罪的，依法追究刑事责任。

第四十八条　县级以上各级人民政府卫生行政主管部门和其他有关部门在突发事件调查、控制、医疗救治工作中玩忽职守、失职、渎职的，由本级人民政府或者上级人民政府有关部门责令改正、通报批评、给予警告；对主要负责人、负有责任的主管人员和其他责任人员依法给予降级、撤职的行政处分；造成传染病传播、流行或者对社会公众健康造成其他严重危害后果的，依法给予开除的行政处分；构成犯罪的，依法追究刑事责任。

第四十九条　县级以上各级人民政府有关部门拒不履行应急处理职责的，由同级人民政府或者上级人民政府有关部门责令改正、通报批评、给予警告；对主要负责人、负有责任的主管人员和其他责任人员依法给予降级、撤职的行政处分；造成传染病传播、流行或者对社会公众健康造成其他严重危害后果的，依法给予开除的行政处分；构成犯罪的，依法追究刑事责任。

第五十条　医疗卫生机构有下列行为之一的，由卫生行政主管部门责令改正、通报批评、给予警告；情节严重的，吊销《医疗机构执业许可证》；对主要负责人、负有责任的主管人员和其他直接责任人员依法给予降级或者撤职的纪律处分；造成传染病传播、流行或者对社会公众健康造成其他严重危害后果，构成犯罪的，依法追究刑事责任：

（一）未依照本条例的规定履行报告职责，隐瞒、缓报或者谎报的；

（二）未依照本条例的规定及时采取控制措施的；

（三）未依照本条例的规定履行突发事件监测职责的；

（四）拒绝接诊病人的；

（五）拒不服从突发事件应急处理指挥部调度的。

第五十一条　在突发事件应急处理工作中，有关单位和个人未依照本条例的规定履行报告职责，隐瞒、缓报或者谎报，阻碍突发事件应急处理工作人员执行职务，拒绝国务院卫生行政主管部门或者其他有关部门指定的专业技术机构进入突发事件现场，或者不配合调查、采样、技术分析和检验的，对有关责任人员依法给予行政处分或者纪律处分；触犯《中华人民共和国治安管理处罚条例》，构成违反治安管理行为的，由公安机关依法予以处罚；构成犯罪的，依法追究刑事责任。

第五十二条　在突发事件发生期间，散布谣言、哄抬物价、欺骗消费者，扰乱社会秩序、市场秩序的，由公安机关或者工商行政管理部门依法给予行政处罚；构成犯罪的，依法追究刑事责任。

第六章 附 则

第五十三条　中国人民解放军、武装警察部队医疗卫生机构参与突发事件应急处理的，依照本条例的规定和军队的相关规定执行。

第五十四条　本条例自公布之日起施行。

中华人民共和国国务院令（第491号）——人体器官移植条例

中华人民共和国国务院令

第491号

《人体器官移植条例》已经2007年3月21日国务院第171次常务会议通过，现予公布，自2007年5月1日起施行。

总　理　温家宝

二○○七年三月三十一日

人体器官移植条例

第一章　总则

第一条　为了规范人体器官移植，保证医疗质量，保障人体健康，维护公民的合法权益，制定本条例。

第二条　在中华人民共和国境内从事人体器官移植，适用本条例；从事人体细胞和角膜、骨髓等人体组织移植，不适用本条例。

本条例所称人体器官移植，是指摘取人体器官捐献人具有特定功能的心脏、肺脏、肝脏、肾脏或者胰腺等器官的全部或者部分，将其植入接受人身体以代替其病损器官的过程。

第三条　任何组织或者个人不得以任何形式买卖人体器官，不得从事与买卖人体器官有关的活动。

第四条　国务院卫生主管部门负责全国人体器官移植的监督管理工作。县级以上地方人民政府卫生主管部门负责本行政区域人体器官移植的监督管理工作。

各级红十字会依法参与人体器官捐献的宣传等工作。

第五条　任何组织或者个人对违反本条例规定的行为,有权向卫生主管部门和其他有关部门举报;对卫生主管部门和其他有关部门未依法履行监督管理职责的行为,有权向本级人民政府、上级人民政府有关部门举报。接到举报的人民政府、卫生主管部门和其他有关部门对举报应当及时核实、处理,并将处理结果向举报人通报。

第六条　国家通过建立人体器官移植工作体系,开展人体器官捐献的宣传、推动工作,确定人体器官移植预约者名单,组织协调人体器官的使用。

第二章　人体器官的捐献

第七条　人体器官捐献应当遵循自愿、无偿的原则。

公民享有捐献或者不捐献其人体器官的权利;任何组织或者个人不得强迫、欺骗或者利诱他人捐献人体器官。

第八条　捐献人体器官的公民应当具有完全民事行为能力。公民捐献其人体器官应当有书面形式的捐献意愿,对已经表示捐献其人体器官的意愿,有权予以撤销。

公民生前表示不同意捐献其人体器官的,任何组织或者个人不得捐献、摘取该公民的人体器官;公民生前未表示不同意捐献其人体器官的,该公民死亡后,其配偶、成年子女、父母可以以书面形式共同表示同意捐献该公民人体器官的意愿。

第九条　任何组织或者个人不得摘取未满18周岁公民的活体器官用于移植。

第十条　活体器官的接受人限于活体器官捐献人的配偶、直系血亲或者三代以内旁系血亲,或者有证据证明与活体器官捐献人存在因帮扶等形成亲情关系的人员。

第三章　人体器官的移植

第十一条　医疗机构从事人体器官移植,应当依照《医疗机构管理条例》的规定,向所在地省、自治区、直辖市人民政府卫生主管部门申请办理人体器官移植诊疗科目登记。

医疗机构从事人体器官移植,应当具备下列条件:

(一)有与从事人体器官移植相适应的执业医师和其他医务人员;

(二)有满足人体器官移植所需要的设备、设施;

(三)有由医学、法学、伦理学等方面专家组成的人体器官移植技术临床应用与伦理委员会,该委员会中从事人体器官移植的医学专家不超过委员人数的1/4;

(四)有完善的人体器官移植质量监控等管理制度。

第十二条　省、自治区、直辖市人民政府卫生主管部门进行人体器官移植诊疗科目登记，除依据本条例第十一条规定的条件外，还应当考虑本行政区域人体器官移植的医疗需求和合法的人体器官来源情况。

省、自治区、直辖市人民政府卫生主管部门应当及时公布已经办理人体器官移植诊疗科目登记的医疗机构名单。

第十三条　已经办理人体器官移植诊疗科目登记的医疗机构不再具备本条例第十一条规定条件的，应当停止从事人体器官移植，并向原登记部门报告。原登记部门应当自收到报告之日起2日内注销该医疗机构的人体器官移植诊疗科目登记，并予以公布。

第十四条　省级以上人民政府卫生主管部门应当定期组织专家根据人体器官移植手术成功率、植入的人体器官和术后患者的长期存活率，对医疗机构的人体器官移植临床应用能力进行评估，并及时公布评估结果；对评估不合格的，由原登记部门撤销人体器官移植诊疗科目登记。具体办法由国务院卫生主管部门制订。

第十五条　医疗机构及其医务人员从事人体器官移植，应当遵守伦理原则和人体器官移植技术管理规范。

第十六条　实施人体器官移植手术的医疗机构及其医务人员应当对人体器官捐献人进行医学检查，对接受人因人体器官移植感染疾病的风险进行评估，并采取措施，降低风险。

第十七条　在摘取活体器官前或者尸体器官捐献人死亡前，负责人体器官移植的执业医师应当向所在医疗机构的人体器官移植技术临床应用与伦理委员会提出摘取人体器官审查申请。

人体器官移植技术临床应用与伦理委员会不同意摘取人体器官的，医疗机构不得做出摘取人体器官的决定，医务人员不得摘取人体器官。

第十八条　人体器官移植技术临床应用与伦理委员会收到摘取人体器官审查申请后，应当对下列事项进行审查，并出具同意或者不同意的书面意见：

（一）人体器官捐献人的捐献意愿是否真实；

（二）有无买卖或者变相买卖人体器官的情形；

（三）人体器官的配型和接受人的适应证是否符合伦理原则和人体器官移植技术管理规范。

经2/3以上委员同意，人体器官移植技术临床应用与伦理委员会方可出具同意摘取人体器官的书面意见。

第十九条　从事人体器官移植的医疗机构及其医务人员摘取活体器官前，应当履行下列义务：

（一）向活体器官捐献人说明器官摘取手术的风险、术后注意事项、可能发生的并发症及其预防措施等，并与活体器官捐献人签署知情同意书；

（二）查验活体器官捐献人同意捐献其器官的书面意愿、活体器官捐献人与接受人存在本条例第十条规定关系的证明材料；

（三）确认除摘取器官产生的直接后果外不会损害活体器官捐献人其他正常的生理功能。

从事人体器官移植的医疗机构应当保存活体器官捐献人的医学资料，并进行随访。

第二十条　摘取尸体器官，应当在依法判定尸体器官捐献人死亡后进行。从事人体器官移植的医务人员不得参与捐献人的死亡判定。

从事人体器官移植的医疗机构及其医务人员应当尊重死者的尊严；对摘取器官完毕的尸体，应当进行符合伦理原则的医学处理，除用于移植的器官以外，应当恢复尸体原貌。

第二十一条　从事人体器官移植的医疗机构实施人体器官移植手术，除向接受人收取下列费用外，不得收取或者变相收取所移植人体器官的费用：

（一）摘取和植入人体器官的手术费；

（二）保存和运送人体器官的费用；

（三）摘取、植入人体器官所发生的药费、检验费、医用耗材费。

前款规定费用的收取标准，依照有关法律、行政法规的规定确定并予以公布。

第二十二条　申请人体器官移植手术患者的排序，应当符合医疗需要，遵循公平、公正和公开的原则。具体办法由国务院卫生主管部门制订。

第二十三条　从事人体器官移植的医务人员应当对人体器官捐献人、接受人和申请人体器官移植手术的患者的个人资料保密。

第二十四条　从事人体器官移植的医疗机构应当定期将实施人体器官移植的情况向所在地省、自治区、直辖市人民政府卫生主管部门报告。具体办法由国务院卫生主管部门制订。

第四章　法律责任

第二十五条　违反本条例规定，有下列情形之一，构成犯罪的，依法追究刑事责任：

（一）未经公民本人同意摘取其活体器官的；

（二）公民生前表示不同意捐献其人体器官而摘取其尸体器官的；

（三）摘取未满18周岁公民的活体器官的。

第二十六条　违反本条例规定，买卖人体器官或者从事与买卖人体器官有关活动的，由设区的市级以上地方人民政府卫生主管部门依照职责分工没收违法所得，并处交易额 8 倍以上 10 倍以下的罚款；医疗机构参与上述活动的，还应当对负有责任的主管人员和其他直接责任人员依法给予处分，并由原登记部门撤销该医疗机构人体器官移植诊疗科目登记，该医疗机构 3 年内不得再申请人体器官移植诊疗科目登记；医务人员参与上述活动的，由原发证部门吊销其执业证书。

国家工作人员参与买卖人体器官或者从事与买卖人体器官有关活动的，由有关国家机关依据职权依法给予撤职、开除的处分。

第二十七条　医疗机构未办理人体器官移植诊疗科目登记，擅自从事人体器官移植的，依照《医疗机构管理条例》的规定予以处罚。

实施人体器官移植手术的医疗机构及其医务人员违反本条例规定，未对人体器官捐献人进行医学检查或者未采取措施，导致接受人因人体器官移植手术感染疾病的，依照《医疗事故处理条例》的规定予以处罚。

从事人体器官移植的医务人员违反本条例规定，泄露人体器官捐献人、接受人或者申请人体器官移植手术患者个人资料的，依照《执业医师法》或者国家有关护士管理的规定予以处罚。

违反本条例规定，给他人造成损害的，应当依法承担民事责任。

违反本条例第二十一条规定收取费用的，依照价格管理的法律、行政法规的规定予以处罚。

第二十八条　医务人员有下列情形之一的，依法给予处分；情节严重的，由县级以上地方人民政府卫生主管部门依照职责分工暂停其 6 个月以上 1 年以下执业活动；情节特别严重的，由原发证部门吊销其执业证书：

（一）未经人体器官移植技术临床应用与伦理委员会审查同意摘取人体器官的；

（二）摘取活体器官前未依照本条例第十九条的规定履行说明、查验、确认义务的；

（三）对摘取器官完毕的尸体未进行符合伦理原则的医学处理，恢复尸体原貌的。

第二十九条　医疗机构有下列情形之一的，对负有责任的主管人员和其他直接责任人员依法给予处分；情节严重的，由原登记部门撤销该医疗机构人体器官移植诊疗科目登记，该医疗机构 3 年内不得再申请人体器官移植诊疗科目登记：

（一）不再具备本条例第十一条规定条件，仍从事人体器官移植的；

（二）未经人体器官移植技术临床应用与伦理委员会审查同意，做出摘取人体器官的决定，或者胁迫医务人员违反本条例规定摘取人体器官的；

（三）有本条例第二十八条第（二）项、第（三）项列举的情形的。

医疗机构未定期将实施人体器官移植的情况向所在地省、自治区、直辖市人民政府卫生主管部门报告的，由所在地省、自治区、直辖市人民政府卫生主管部门责令限期改正；逾期不改正的，对负有责任的主管人员和其他直接责任人员依法给予处分。

第三十条　从事人体器官移植的医务人员参与尸体器官捐献人的死亡判定的，由县级以上地方人民政府卫生主管部门依照职责分工暂停其6个月以上1年以下执业活动；情节严重的，由原发证部门吊销其执业证书。

第三十一条　国家机关工作人员在人体器官移植监督管理工作中滥用职权、玩忽职守、徇私舞弊，构成犯罪的，依法追究刑事责任；尚不构成犯罪的，依法给予处分。

第五章　附则

第三十二条　本条例自2007年5月1日起施行。

中华人民共和国国务院令（第380号）——医疗废物管理条例

《医疗废物管理条例》已经2003年6月4日国务院第十次常务会议通过，现予公布，自公布之日起施行。

总理　温家宝
二〇〇三年六月十六日

医疗废物管理条例

第一章　总则

第一条　为了加强医疗废物的安全管理，防止疾病传播，保护环境，保障人体健康，根据《中华人民共和国传染病防治法》和《中华人民共和国固体废物污染环境防治法》，制定本条例。

第二条　本条例所称医疗废物，是指医疗卫生机构在医疗、预防、保健以及其他相关活动中产生的具有直接或者间接感染性、毒性以及其他危害性的废物。

医疗废物分类目录，由国务院卫生行政主管部门和环境保护行政主管部门共同制定、公布。

第三条　本条例适用于医疗废物的收集、运送、贮存、处置以及监督管理等活动。

医疗卫生机构收治的传染病病人或者疑似传染病病人产生的生活垃圾，按照医疗废物进行管理和处置。

医疗卫生机构废弃的麻醉、精神、放射性、毒性等药品及其相关的废物的管理，依照有关法律、行政法规和国家有关规定、标准执行。

第四条　国家推行医疗废物集中无害化处置，鼓励有关医疗废物安全处置技术的研究与开发。

县级以上地方人民政府负责组织建设医疗废物集中处置设施。

国家对边远贫困地区建设医疗废物集中处置设施给予适当的支持。

第五条　县级以上各级人民政府卫生行政主管部门，对医疗废物收集、运送、贮存、处置活动中的疾病防治工作实施统一监督管理；环境保护行政主管部门，对医疗废物收集、运送、贮存、处置活动中的环境污染防治工作实施统一监督管理。

县级以上各级人民政府其他有关部门在各自的职责范围内负责与医疗废物处置有关的监督管理工作。

第六条　任何单位和个人有权对医疗卫生机构、医疗废物集中处置单位和监督管理部门及其工作人员的违法行为进行举报、投诉、检举和控告。

第二章　医疗废物管理的一般规定

第七条　医疗卫生机构和医疗废物集中处置单位，应当建立、健全医疗废物管理责任制，其法定代表人为第一责任人，切实履行职责，防止因医疗废物导致传染病传播和环境污染事故。

第八条　医疗卫生机构和医疗废物集中处置单位，应当制定与医疗废物安全处置有关的规章制度和在发生意外事故时的应急方案；设置监控部门或者专（兼）职人员，负责检查、督促、落实本单位医疗废物的管理工作，防止违反本条例的行为发生。

第九条　医疗卫生机构和医疗废物集中处置单位，应当对本单位从事医疗废物收集、运送、贮存、处置等工作的人员和管理人员，进行相关法律和专业技术、安全防护以及紧急处理等知识的培训。

第十条　医疗卫生机构和医疗废物集中处置单位，应当采取有效的职业卫生防护措施，为从事医疗废物收集、运送、贮存、处置等工作的人员和管理人员，配备必要的防护用品，定期进行健康检查；必要时，对有关人员进行免疫接种，防止其受到健康损害。

第十一条　医疗卫生机构和医疗废物集中处置单位，应当依照《中华人民共和国固体废物污染环境防治法》的规定，执行危险废物转移联单管理制度。

第十二条　医疗卫生机构和医疗废物集中处置单位，应当对医疗废物进行登记，登记内容应当包括医疗废物的来源、种类、重量或者数量、交接时间、处置方法、最终去向以及经办人签名等项目。登记资料至少保存 3 年。

第十三条　医疗卫生机构和医疗废物集中处置单位，应当采取有效措施，防止医疗废物流失、泄漏、扩散。

发生医疗废物流失、泄漏、扩散时，医疗卫生机构和医疗废物集中处置单位应当采取减少危害的紧急处理措施，对致病人员提供医疗救护和现场救援；同时向所在地的县级人民政府卫生行政主管部门、环境保护行政主管部门报告，并向可能受到危害的单位和居民通报。

第十四条　禁止任何单位和个人转让、买卖医疗废物。

禁止在运送过程中丢弃医疗废物；禁止在非贮存地点倾倒、堆放医疗废物或者将医疗废物混入其他废物和生活垃圾。

第十五条　禁止邮寄医疗废物。

禁止通过铁路、航空运输医疗废物。

有陆路通道的，禁止通过水路运输医疗废物；没有陆路通道必需经水路运输医疗废物的，应当经设区的市级以上人民政府环境保护行政主管部门批准，并采取严格的环境保护措施后，方可通过水路运输。

禁止将医疗废物与旅客在同一运输工具上载运。

禁止在饮用水源保护区的水体上运输医疗废物。

第三章　医疗卫生机构对医疗废物的管理

第十六条　医疗卫生机构应当及时收集本单位产生的医疗废物，并按照类别分置于防渗漏、防锐器穿透的专用包装物或者密闭的容器内。

医疗废物专用包装物、容器，应当有明显的警示标识和警示说明。

医疗废物专用包装物、容器的标准和警示标识的规定，由国务院卫生行政主管部门和环境保护行政主管部门共同制定。

第十七条　医疗卫生机构应当建立医疗废物的暂时贮存设施、设备，不得露天存放医疗废物；医疗废物暂时贮存的时间不得超过 2 天。

医疗废物的暂时贮存设施、设备，应当远离医疗区、食品加工区和人员活动区以及生活垃圾存放场所，并设置明显的警示标识和防渗漏、防鼠、防蚊蝇、防蟑螂、防盗以及预防儿童接触等安全措施。

医疗废物的暂时贮存设施、设备应当定期消毒和清洁。

第十八条　医疗卫生机构应当使用防渗漏、防遗撒的专用运送工具，按照本单位确定的内部医疗废物运送时间、路线，将医疗废物收集、运送至暂时贮存地点。

运送工具使用后应当在医疗卫生机构内指定的地点及时消毒和清洁。

第十九条　医疗卫生机构应当根据就近集中处置的原则；及时将医疗废物交

由医疗废物集中处置单位处置。

医疗废物中病原体的培养基、标本和菌种、毒种保存液等高危险废物，在交医疗废物集中处置单位处置前应当就地消毒。

第二十条 医疗卫生机构产生的污水、传染病病人或者疑似传染病病人的排泄物，应当按照国家规定严格消毒；达到国家规定的排放标准后，方可排入污水处理系统。

第二十一条 不具备集中处置医疗废物条件的农村，医疗卫生机构应当按照县级人民政府卫生行政主管部门、环境保护行政主管部门的要求，自行就地处置其产生的医疗废物。自行处置医疗废物的，应当符合下列基本要求：

（一）使用后的一次性医疗器具和容易致人损伤的医疗废物，应当消毒并作毁形处理；

（二）能够焚烧的，应当及时焚烧；

（三）不能焚烧的，消毒后集中填埋。

第四章　医疗废物的集中处置

第二十二条 从事医疗废物集中处置活动的单位，应当向县级以上人民政府环境保护行政主管部门申请领取经营许可证；未取得经营许可证的单位，不得从事有关医疗废物集中处置的活动。

第二十三条 医疗废物集中处置单位，应当符合下列条件：

（一）具有符合环境保护和卫生要求的医疗废物贮存、处置设施或者设备；

（二）具有经过培训的技术人员以及相应的技术工人；

（三）具有负责医疗废物处置效果检测、评价工作的机构和人员；

（四）具有保证医疗废物安全处置的规章制度。

第二十四条 医疗废物集中处置单位的贮存、处置设施，应当远离居（村）民居住区、水源保护区和交通干道，与工厂、企业等工作场所有适当的安全防护距离，并符合国务院环境保护行政主管部门的规定。

第二十五条 医疗废物集中处置单位应当至少每 2 天到医疗卫生机构收集、运送一次医疗废物，并负责医疗废物的贮存、处置。

第二十六条 医疗废物集中处置单位运送医疗废物，应当遵守国家有关危险货物运输管理的规定，使用有明显医疗废物标识的专用车辆。医疗废物专用车辆应当达到防渗漏、防遗撒以及其他环境保护和卫生要求。

运送医疗废物的专用车辆使用后，应当在医疗废物集中处置场所内及时进行消毒和清洁。

运送医疗废物的专用车辆不得运送其他物品。

第二十七条 医疗废物集中处置单位在运送医疗废物过程中应当确保安全，

不得丢弃、遗撒医疗废物。

第二十八条　医疗废物集中处置单位应当安装污染物排放在线监控装置，并确保监控装置经常处于正常运行状态。

第二十九条　医疗废物集中处置单位处置医疗废物，应当符合国家规定的环境保护、卫生标准、规范。

第三十条　医疗废物集中处置单位应当按照环境保护行政主管部门和卫生行政主管部门的规定，定期对医疗废物处置设施的环境污染防治和卫生学效果进行检测、评价。检测、评价结果存入医疗废物集中处置单位档案，每半年向所在地环境保护行政主管部门和卫生行政主管部门报告一次。

第三十一条　医疗废物集中处置单位处置医疗废物，按照国家有关规定向医疗卫生机构收取医疗废物处置费用。

医疗卫生机构按照规定支付的医疗废物处置费用，可以纳入医疗成本。

第三十二条　各地区应当利用和改造现有固体废物处置设施和其他设施，对医疗废物集中处置，并达到基本的环境保护和卫生要求。

第三十三条　尚无集中处置设施或者处置能力不足的城市，自本条例施行之日起，设区的市级以上城市应当在 1 年内建成医疗废物集中处置设施；县级市应当在 2 年内建成医疗废物集中处置设施。县（旗）医疗废物集中处置设施的建设，由省、自治区、直辖市人民政府规定。

在尚未建成医疗废物集中处置设施期间，有关地方人民政府应当组织制定符合环境保护和卫生要求的医疗废物过渡性处置方案，确定医疗废物收集、运送、处置方式和处置单位。

第五章　监督管理

第三十四条　县级以上地方人民政府卫生行政主管部门、环境保护行政主管部门，应当依照本条例的规定，按照职责分工，对医疗卫生机构和医疗废物集中处置单位进行监督检查。

第三十五条　县级以上地方人民政府卫生行政主管部门，应当对医疗卫生机构和医疗废物集中处置单位从事医疗废物的收集、运送、贮存、处置中的疾病防治工作，以及工作人员的卫生防护等情况进行定期监督检查或者不定期的抽查。

第三十六条　县级以上地方人民政府环境保护行政主管部门，应当对医疗卫生机构和医疗废物集中处置单位从事医疗废物收集、运送、贮存、处置中的环境污染防治工作进行定期监督检查或者不定期的抽查。

第三十七条　卫生行政主管部门、环境保护行政主管部门应当定期交换监督检查和抽查结果。在监督检查或者抽查中发现医疗卫生机构和医疗废物集中处置单位存在隐患时，应当责令立即消除隐患。

第三十八条 卫生行政主管部门、环境保护行政主管部门接到对医疗卫生机构、医疗废物集中处置单位和监督管理部门及其工作人员违反本条例行为的举报、投诉、检举和控告后，应当及时核实，依法作出处理，并将处理结果予以公布。

第三十九条 卫生行政主管部门、环境保护行政主管部门履行监督检查职责时，有权采取下列措施：

（一）对有关单位进行实地检查，了解情况，现场监测，调查取证；

（二）查阅或者复制医疗废物管理的有关资料，采集样品；

（三）责令违反本条例规定的单位和个人停止违法行为；

（四）查封或者暂扣涉嫌违反本条例规定的场所、设备、运输工具和物品；

（五）对违反本条例规定的行为进行查处。

第四十条 发生因医疗废物管理不当导致传染病传播或者环境污染事故，或者有证据证明传染病传播或者环境污染的事故有可能发生时，卫生行政主管部门、环境保护行政主管部门应当采取临时控制措施，疏散人员，控制现场，并根据需要责令暂停导致或者可能导致传染病传播或者环境污染事故的作业。

第四十一条 医疗卫生机构和医疗废物集中处置单位，对有关部门的检查、监测、调查取证，应当予以配合，不得拒绝和阻碍，不得提供虚假材料。

第六章 法律责任

第四十二条 县级以上地方人民政府未依照本条例的规定，组织建设医疗废物集中处置设施或者组织制定医疗废物过渡性处置方案的，由上级人民政府通报批评，责令限期建成医疗废物集中处置设施或者组织制定医疗废物过渡性处置方案；并可以对政府主要领导人、负有责任的主管人员，依法给予行政处分。

第四十三条 县级以上各级人民政府卫生行政主管部门、环境保护行政主管部门或者其他有关部门，未按照本条例的规定履行监督检查职责，发现医疗卫生机构和医疗废物集中处置单位的违法行为不及时处理，发生或者可能发生传染病传播或者环境污染事故时未及时采取减少危害措施，以及有其他玩忽职守、失职、渎职行为的，由本级人民政府或者上级人民政府有关部门责令改正，通报批评；造成传染病传播或者环境污染事故的，对主要负责人、负有责任的主管人员和其他直接责任人员依法给予降级、撤职、开除的行政处分；构成犯罪的，依法追究刑事责任。

第四十四条 县级以上人民政府环境保护行政主管部门，违反本条例的规定发给医疗废物集中处置单位经营许可证的，由本级人民政府或者上级人民政府环境保护行政主管部门通报批评，责令收回违法发给的证书；并可以对主要负责人、负有责任的主管人员和其他直接责任人员依法给予行政处分。

第四十五条 医疗卫生机构、医疗废物集中处置单位违反本条例规定，有下列情形之一的，由县级以上地方人民政府卫生行政主管部门或者环境保护行政主管部门按照各自的职责责令限期改正，给予警告；逾期不改正的，处 2000 元以上5000 元以下的罚款：

（一）未建立、健全医疗废物管理制度，或者未设置监控部门或者专（兼）职人员的；

（二）未对有关人员进行相关法律和专业技术、安全防护以及紧急处理等知识的培训的；

（三）未对从事医疗废物收集、运送、贮存、处置等工作的人员和管理人员采取职业卫生防护措施的；

（四）未对医疗废物进行登记或者未保存登记资料的；

（五）对使用后的医疗废物运送工具或者运送车辆未在指定地点及时进行消毒和清洁的；

（六）未及时收集、运送医疗废物的；

（七）未定期对医疗废物处置设施的环境污染防治和卫生学效果进行检测、评价，或者未将检测、评价效果存档、报告的。

第四十六条 医疗卫生机构、医疗废物集中处置单位违反本条例规定，有下列情形之一的，由县级以上地方人民政府卫生行政主管部门或者环境保护行政主管部门按照各自的职责责令限期改正，给予警告，可以并处 5000 元以下的罚款；逾期不改正的，处 5000 元以上 3 万元以下的罚款：

（一）贮存设施或者设备不符合环境保护、卫生要求的；

（二）未将医疗废物按照类别分置于专用包装物或者容器的；

（三）未使用符合标准的专用车辆运送医疗废物或者使用运送医疗废物的车辆运送其他物品的；

（四）未安装污染物排放在线监控装置或者监控装置未经常处于正常运行状态的。

第四十七条 医疗卫生机构、医疗废物集中处置单位有下列情形之一的，由县级以上地方人民政府卫生行政主管部门或者环境保护行政主管部门按照各自的职责责令限期改正，给予警告，并处 5000 元以上 1 万元以下的罚款；逾期不改正的，处 1 万元以上 3 万元以下的罚款；造成传染病传播或者环境污染事故的，由原发证部门暂扣或者吊销执业许可证件或者经营许可证件；构成犯罪的，依法追究刑事责任：

（一）在运送过程中丢弃医疗废物，在非贮存地点倾倒、堆放医疗废物或者将医疗废物混入其他废物和生活垃圾的；

（二）未执行危险废物转移联单管理制度的；

（三）将医疗废物交给未取得经营许可证的单位或者个人收集、运送、贮存、处置的；

（四）对医疗废物的处置不符合国家规定的环境保护、卫生标准、规范的；

（五）未按照本条例的规定对污水、传染病病人或者疑似传染病病人的排泄物，进行严格消毒，或者未达到国家规定的排放标准，排入污水处理系统的；

（六）对收治的传染病病人或者疑似传染病病人产生的生活垃圾，未按照医疗废物进行管理和处置的。

第四十八条　医疗卫生机构违反本条例规定，将未达到国家规定标准的污水、传染病病人或者疑似传染病病人的排泄物排入城市排水管网的，由县级以上地方人民政府建设行政主管部门责令限期改正，给予警告，并处5000元以上1万元以下的罚款；逾期不改正的，处1万元以上3万元以下的罚款；造成传染病传播或者环境污染事故的，由原发证部门暂扣或者吊销执业许可证件；构成犯罪的，依法追究刑事责任。

第四十九条　医疗卫生机构、医疗废物集中处置单位发生医疗废物流失、泄漏、扩散时，未采取紧急处理措施，或者未及时向卫生行政主管部门和环境保护行政主管部门报告的，由县级以上地方人民政府卫生行政主管部门或者环境保护行政主管部门按照各自的职责责令改正，给予警告，并处1万元以上3万元以下的罚款；造成传染病传播或者环境污染事故的，由原发证部门暂扣或者吊销执业许可证件或者经营许可证件；构成犯罪的，依法追究刑事责任。

第五十条　医疗卫生机构、医疗废物集中处置单位，无正当理由，阻碍卫生行政主管部门或者环境保护行政主管部门执法人员执行职务，拒绝执法人员进入现场，或者不配合执法部门的检查、监测、调查取证的，由县级以上地方人民政府卫生行政主管部门或者环境保护行政主管部门按照各自的职责责令改正，给予警告；拒不改正的，由原发证部门暂扣或者吊销执业许可证件或者经营许可证件；触犯《中华人民共和国治安管理处罚条例》，构成违反治安管理行为的，由公安机关依法予以处罚；构成犯罪的，依法追究刑事责任。

第五十一条　不具备集中处置医疗废物条件的农村，医疗卫生机构未按照本条例的要求处置医疗废物的，由县级人民政府卫生行政主管部门或者环境保护行政主管部门按照各自的职责责令限期改正，给予警告；逾期不改正的，处1000元以上5000元以下的罚款；造成传染病传播或者环境污染事故的，由原发证部门暂扣或者吊销执业许可证件；构成犯罪的，依法追究刑事责任。

第五十二条　未取得经营许可证从事医疗废物的收集、运送、贮存、处置等活动的，由县级以上地方人民政府环境保护行政主管部门责令立即停止违法行为，没收违法所得，可以并处违法所得1倍以下的罚款。

第五十三条　转让、买卖医疗废物，邮寄或者通过铁路、航空运输医疗废物，或者违反本条例规定通过水路运输医疗废物的，由县级以上地方人民政府环境保护行政主管部门责令转让、买卖双方、邮寄人、托运人立即停止违法行为，给予警告，没收违法所得；违法所得 5000 元以上的，并处违法所得 2 倍以上 5 倍以下的罚款；没有违法所得或者违法所得不足 5000 元的，并处 5000 元以上 2 万元以下的罚款。

承运人明知托运人违反本条例的规定运输医疗废物，仍予以运输的，或者承运人将医疗废物与旅客在同一工具上载运的，按照前款的规定予以处罚。

第五十四条 医疗卫生机构、医疗废物集中处置单位违反本条例规定，导致传染病传播或者发生环境污染事故，给他人造成损害的，依法承担民事赔偿责任。

第七章 附 则

第五十五条 计划生育技术服务、医学科研、教学、尸体检查和其他相关活动中产生的具有直接或者间接感染性、毒性以及其他危害性废物的管理，依照本条例执行。

第五十六条 军队医疗卫生机构医疗废物的管理由中国人民解放军卫生主管部门参照本条例制定管理办法。

第五十七条 本条例自公布之日起施行。

参考文献

[1] 试论《护士条例》的法律价值. http://www.zjhl.org/cms/Article.aspx? NRID=2906&LMID= 91[EB/OL] 2009-08-17.

[2] 邱志军, 陈玲霞. 护理法律导论[M]. 北京: 中国科学技术出版社, 2007: 2-7.

[3] 卫生部办公厅关于在医疗机构推行表格式护理文书的通知. http://www.moh.gov.cn/ mohyzs/s7659/201008/48325.shtml[EB/OL] 2010-08-02

[4] 达庆东, 徐青松. 护理法导论[M]. 上海: 复旦大学出版, 2009: 71-78.

[5] 段白芝, 徐晓荣, 冯晓英. 浅析护理行为与法\[J\]. 实用护理杂志, 2001, 17(1): 51.

[6] 蔡学联. 护理实务风险管理[M]. 北京: 军事医学科学出版社, 2005: 5-7.

[7] 殷翠. 护理管理与科研基础[M]. 北京: 人民卫生出版社, 2011: 129-132.

[8] 周颖清. 护理管理学[M]. 北京: 北京大学医学出版社, 2009: 175-179.

[9] 吕文格等. 护理管理学[M]. 北京: 科学出版, 2010: 148-152.

[10] 陈明智. 突发公共卫生事件的应急处理探讨[J]. 卫生职业教育, 2005. 17: 120-122.

[11] 毛秀英. 4例护士职业暴露感染案例引发的思考[J]. 中国护理管理, 2010. 10(7): 13-15.

[12] 刘鑫, 张宝珠. 护理执业风险防范指南[M]. 北京: 人民军医出版社, 2010: 71-77.

[13] 王莉. 医疗保险学[M]. 广州: 中山大学出版社, 2011: 115-130.

[14] 国锋. 医疗保险中的道德风险[M]. 上海: 上海社会科学院出版社, 2010: 51-60.

[15] 翁小丹. 医疗保险的基础风险与医疗保障制度建设[M]. 北京: 经济管理出版社, 2010: 175-179.

[16] 著名医疗事故律师. http://www.m-lawyers.net/Article_Class2.asp? ClassID=81[EB/OL] 2013-05-028

[17] 白昕. 护理与法[M]. 北京: 人民军医出版社, 2011: 1-10.

[18] 王臣平, 李敏. 护理人际沟通[M]. 长沙: 中南大学出版社, 2011: 110-113.

[19] 李淑迦. 护理与法[M]. 北京: 北京大学医学出版社, 2008: 1-7.

[20] 卫生部行业标准《医院护士人力配置》编制说明. http://wsbzw.wsjdzx.gov.cn/wsbzw/ article/12/2012/7/2c909e8e38701f640138db9a8ee10318.html[EB/OL] 2012-07-31

[21] 左月燃. 护理安全[M]. 北京: 人民卫生出版社, 2009: 25-30.

[22] 中华人民共和国国务院令(第517号)——护士条例. 中华人民共和国国家卫生和计划生 育委员会 http://www.moh.gov.cn [EB/OL] 2013-05-25

[23] 赵佛容, 王玉琼, 宋锦平. 护理临床案例精选——经验与教训[M]. 北京: 人民卫生出版 社, 2012: 1-322.

[24] 张莉, 彭刚艺. 病人安全高危风险评估及护理管理 [M]. 上海: 第二军医大学出版社, 2013: 1-327.

[25] 殷春红. 护理应急预案与安全指引 [M]. 军事医学科学出版社, 2012: 1-130.

[26] 肖丽佳. 简化护理文书书写基本规范 [M]. 军事医学科学出版社, 2012: 1-151.

[27] 刘鑫, 张宝珠. 护理执业风险防范指南 [M]. 北京: 人民军医出版社, 2008: 1-410.

[28] 姜小鹰.《护士条例》与《护士守则》问答读本 [M]. 北京: 人民卫生出版社, 2009, 1-209.

图书在版编目(CIP)数据

护理法律实务/孙梦霞主编. —长沙:中南大学出版社,2013.10
ISBN 978 - 7 - 5487 - 0994 - 7

Ⅰ.护...Ⅱ.孙...Ⅲ.护理 - 卫生法 - 教材 Ⅳ. D922.16

中国版本图书馆 CIP 数据核字(2013)第 247018 号

护理法律实务

孙梦霞 主编

□责任编辑 彭亚非
□责任印制 易红卫
□出版发行 中南大学出版社
　　　　　　社址:长沙市麓山南路　　邮编:410083
　　　　　　发行科电话:0731-88876770　　传真:0731-88710482
□印　装 长沙印通印刷有限公司

□开　本 720×1000　1/16　□印张 11.25　□字数 208 千字
□版　次 2013 年 11 月第 1 版　　□2015 年 12 月第 2 次印刷
□书　号 ISBN 978 - 7 - 5487 - 0994 - 7
□定　价 25.00 元